Rolf Friedrich Schuett

Der Ewige und Sein Urprojekt

*Religionsphilosophische Reflexionen
in metapolitischen Perspektiven*

Rolf Friedrich Schuett

# Der Ewige und Sein Urprojekt

## *Religionsphilosophische Reflexionen in metapolitischen Perspektiven*

Books on Demand

Bibliographische Information Der Deutschen Bibliothek:
Die Deutsche Bibliothek verzeichnet diese Publikation in
der Deutschen Nationalbibliographie; detaillierte bibliographische Daten sind im Internet abrufbar über
http://dnb.ddb.de

Herstellung und Verlag :

BoD – Books on Demand, Norderstedt

Gedruckt auf alterungsbeständigem Papier
(holz- und säurefrei)

Umschlaggestaltung : E. L. Schmidt

Printed in Germany

ISBN 978-3-7504-0560-8

# INHALT

„Sogar den Knechten und Mägden werde ich
zu jener Zeit meinen Geist geben." (Prophet *Joel* 3,2)

Für Elke

## Natur und Kultur

Aus Anlass seiner Kritik an Herders »Ideen zur Philosophie der Geschichte der Menschheit« (1785) entwickelte Kant 1786 in einem kleinen Aufsatz seine eigenen Ideen über den »Mutmaßlichen Anfang der Menschengeschichte«. Kant wagte die »Lustreise« einer philosophischen Exegese der ersten Kapitel der biblischen Schriften : »Der Leser wird die Blätter jener Urkunde (1. Mose Kap. II bis VI) aufschlagen, und Schritt vor Schritt nachsehen, ob der Weg, den Philosophie nach Begriffen nimmt, mit dem, welchen die Geschichte angibt, zusammentreffe.«
(»Von den Träumen der Vernunft. Kleine Schriften zur Kunst, Philosophie, Geschichte und Politik«, Wiesbaden 1979, S. 268).

Friedrich Schiller war von dieser transzendentalphilosophischen Auslegung der religiösen Transzendenz so inspiriert, daß er 1790 in ähnlichem Geist »Etwas über die erste Menschengesellschaft« schrieb. Kant sagt über den allerersten Menschen : »Der Instinkt, diese Stimme Gottes, der alle Tiere gehorchen, mußte den Neuling anfänglich allein leiten. Dieser erlaubte ihm einige Dinge zur Nahrung, andere verbot er ihm (Gen 111,2,3).« (269) »So lange der unerfahrene Mensch diesem Rufe der Natur gehorchte, so befand er sich gut dabei. Allein die Vernunft fing bald an sich zu regen ...« (270) »Er entdeckte in sich ein Vermögen, sich selbst eine Lebensweise auszuwählen, und nicht gleich den Tieren an eine einzige gebunden zu sein ... Er stand gleichsam am Rande eines Abgrundes« (271).

Macht euch die Erde, aber nicht einander untertan: Bewanderte bringen die Erde wandernd unter ihre Füße. Kant sieht in der Genesis auch die des Sittengesetzes: »Und so war der Mensch in eine Gleichheit mit allen vernünftigen Wesen, von welchem Range sie auch sein mögen, getreten (Genesis 111,22 ): nämlich, in Ansehung des Anspruchs, selbst Zweck zu sein, von jedem anderen auch als ein solcher geschätzt, und von keinem bloß als Mittel zu anderen Zwecken gebraucht zu werden ... Dieser Schritt ist daher zugleich mit Entlassung desselben aus dem Mutterschoße der Natur verbunden«. (273 f.) »Indessen ist dieser Gang, der für die Gattung ein Fortschritt vom Schlechteren zum Besseren ist, nicht eben das nämliche für das Individuum ... Die Geschichte der Natur fängt also vom Guten an, denn sie ist ein Werk Gottes; die Geschichte der Freiheit vom Bösen, denn sie ist Menschenwerk. Für das Individuum, welches im Gebrauche seiner Freiheit bloß auf sich selbst sieht, war, bei einer solchen Veränderung, Verlust; für die Natur, die ihren Zweck mit dem Menschen auf die Gattung richtet, war sie Gewinn.« (275)

Was für menschliche Gattung und Gesellschaft ein unbestreitbarer Fortschritt sei, bilde für jeden einzelnen Menschen eine fortschreitende Verfallsgeschichte. Auch Kant entscheidet sich für den Fortschritt durch »ungesellige Geselligkeit« und gegen die glückliche Freiheit des autonomen Individuums, also gegen »Gemächlichkeit und Frieden« und für »Arbeit und Zwietracht«. Er gibt zu, dass dieser Prozess der Vergesellschaftung eine Denaturierung mit sich bringe, hofft aber mit Rousseau auf einen utopischen Zustand, »bis vollkommene Kultur wieder Natur wird« (278), und wenn nicht für das jeweilige Individuum, so doch für die menschliche Gattung.

Niemand teilt heute mehr diese Hoffnung, und doch will niemand mehr ins Naturparadies Gottes zurück. Die »Dialektik der Aufklärung« hat inzwischen die höllischen Züge dieser bürgerlichen Utopie aufgedeckt, ohne deshalb zum goldenen Zeitalter im Reich Gottes zurückzuwollen. Nach Kant ist es die göttliche Stimme der Natur selber, die dazu aufrufe, sich von der bloß rohen Natur zu befreien mit Hilfe der Vernunft, aber er muss zugeben, dass die Vernunft Menschenwerk ist und im Naturinstinkt die Stimme Gottes ihr widerspricht. Kant verfolgt diese Dialektik zwischen dem Wort Gottes und der Stimme der menschlichen Vernunft im welthistorischen Kampf zwischen Nomaden und Sesshaften. Er gibt zu, dass die Nomaden der menschlichen Obrigkeit so opponieren wie seine Sesshaften dem Willen Gottes: »So lange nun noch die nomadischen Hirtenvölker, welche allein Gott für ihren Herrn erkennen, die Städtebewohner und Ackerleute, welche einen Menschen (Obrigkeit) zum Herrn haben (Genesis VI,4), umschwärmten, und als abgesagte Feinde alles Landeigentums diese anfeindeten und von diesen wieder angefeindet wurden, war zwar kontinuierlicher Krieg zwischen beiden, wenigstens unaufhörliche Kriegsgefahr, und beiderseitige Völker konnten daher im Inneren wenigstens des unschätzbaren Guts der Freiheit froh werden – (denn Kriegsgefahr ist auch jetzt noch das einzige, was den Despotismus mäßigt; ...« (280 f.)

In einer Fußnote erläutert Kant das freie „patriarchalische" Verhältnis des Wüstenscheichs zu den nomadischen Beduinen : »Dieser ist keineswegs Herr über sie, und kann nach seinem Kopfe keine Gewalt an ihnen ausüben. Denn in einem Hirtenvolke, da niemand liegendes Eigentum hat, welches er zurücklassen musste, kann jede Familie, der es da missfällt, sich sehr leicht vom Stamme absondern, um einen ändern zu verstärken.« (281) Eheliche Vereinigungen zwischen Göttersöhnen und Menschentöchtern in Genesis VI deutet Kant als verbotene Vermischungen der von Gott begünstigten Nomaden, die auf seiner Erde umherziehen nach den Sternen, und der von Gott abgefallenen Sesshaften, die den nach der Paradiesvertreibung verfluchten Acker bestellen. Der Friede zwischen besitzlos müßigem Nomadentum und sesshaftem »Ackern« beende ihren freien Wettkampf und führe zu einer sintflutwürdig himmelschreienden Tyrannei der Laster. Wer keinen Feind mehr zu fürchten habe, entarte auf unserer niedrigen Kulturstufe und gehe naturgesetzmäßig an sich selbst zu Grunde. »Auf der Stufe der Kultur also, worauf das menschliche Geschlecht noch steht, ist der Krieg ein unentbehrliches Mittel, diese noch weiter zu bringen ... und die heilige Urkunde hat ganz recht, die Zusammenschmelzung der Völker in eine Gesellschaft, und ihre völlige Befreiung von äußerer Gefahr, da ihre Kultur kaum angefangen hat, als eine Hemmung aller ferneren Kultur und eine Versenkung in unheilbare Verderbnis vorzustellen.« (283)

Heute, über zwei Jahrhunderte nach der Niederschrift dieser Sätze, sind die Nomaden und die Sesshaften zwar nicht verschmolzen, aber die Sesshaften haben sich an allen Fronten zu Tode gesiegt, und die Nomaden sind praktisch vom Erdboden verschwunden, da sie in unwirtliche Reservate abgedrängt sind, die jeder Bürger freiwillig verschmäht. Kant erinnert daran, dass die Nomaden in ihren Einzelfamilien verstreut und die Sesshaften in ihren Kollektiven zusammengeschlossen leben, die den Beginn von Kunst und Kultur, »Geselligkeit und bürgerlicher Sicherheit« bedeuten.

Wenn Kant auch den »Übergang aus der Rohigkeit eines bloß tierischen Geschöpfes in die Menschheit, aus dem Gängelwagen des Instinkts zur Leitung der Vernunft, mit einem Wort: aus der Vormundschaft der Natur in den Stand der Freiheit« (275) favorisiert, so muß er doch einräumen, dass Gott dem Menschen die paradiesische Naturunmittelbarkeit erhalten will und daß die rationalisierte Welt Babels ursprünglich Teufelswerk sei. Obwohl Kant gegen Herder an der strikten Herrschaft von Vernunft über Natur als Freiheit vom Instinkt festhält, hilft er sich mit der dialektischen Konstruktion, dass die göttliche Stimme der Natur gerade dazu aufrufe, sich von dieser »rohen« Natur so lange zu befreien, bis die Kultur uns zur zweiten Natur geworden sei – auch und gerade gegen Gottes ausdrückliche Warnung.

»Das Hirtenleben ist nicht allein gemächlich, sondern gibt auch, weil es in einem weit und breit unbewohnten Boden an Futter nicht mangeln kann, den sichersten Unterhalt ... So konnte der Ackersmann den Hirten als vom Himmel mehr begünstigt zu beneiden scheinen (1. Mose 3,4).« Der Nomade Abel war von Gott nicht favorisiert, weil er von Bauer Kain erschlagen wurde, sondern wurde umgekehrt von Kain erschlagen, weil er als Nomade Gottes Günstling war. Noch bei Jesus klingt etwas davon nach: »Sehet die Vögel im Himmel an, sie säen nicht, sie ernten nicht und sammeln nicht in die Scheunen; und der himmlische Vater nähret sie doch. Seid ihr denn nicht viel mehr als sie?« (Mt. 6,26)

## Der Ewige und Sein Urprojekt

Dass das "Wort Gottes" ursprünglich auf auserwählt Hebräisch erscheint, ist von höchster Bedeutung und müsste besonders beachtet werden. Daran entzündet sich alle seitherige Kritik am "Volk des Buches".

Ich soll mir ausdrücklich kein Bild vom Ewigen machen, weil es mir nur ähnlich sieht und dann nur zwischen uns steht. Auf die Frage nach Seinem Namen antwortet der "Herr der Heerscharen" allerdings selber : Man soll Ihn nennen "Ich bin (da)" oder "Ich bin, der ich (immer dabei gewesen) bin" oder "Ich bin, der ich (bei euch) sein werde".

Die biblische Theorie nennt die für uns wichtigen Naturgesetze und ihre praktischen Konsequenzen: die Sittengesetze der Moral, um uns einen vernünftigen und realistischen Umgang mit der Welt zu verschaffen. Die "heiligen" (nicht eigenmächtig zu verändernden) Schriften geben eine Art von Gebrauchsanweisung für Sein universales Produkt, so etwas wie eine praktische Bedienungsanleitung Seiner Schöpfung für uns. Es sind Seine "guten Tipps" an uns zum sachgerechten Umgang mit dem geschenkten Leben : Kompetente Empfehlungen direkt vom Hersteller, der es ja schließlich wissen muss. (Siehe Seine fundierten Ernährungstipps.)

Und man tut gut daran, das Kleingedruckte rechtzeitig zu beherzigen, wenn man Freude am erworbenen Erzeugnis haben will, das einem ja nicht um die Ohren fliegen soll. Entweder lässt man es sich also vom

Sachverständigen gesagt sein, der alle Fabrikgeheim-
nissse kennt, oder muss sich selbst durch langes *trial
and error* erst beliebig viele Beulen holen und durch
mühsamen Schaden klug werden. Man hat die freie
Wahl. Und der Ewige ist ein strenger Wanderlehrer:
Menschliche Verletzungen Seiner objektiven Naturgesetze strafen und rächen sich selbst. Dazu braucht
es keine Hiebe von oben, nur fürsorgliche Warnungen
eines wirklich Erwachsenen an seine unwissenden
Menschenkinder vor den Folgen von „freien" Natur-
gesetzverstößen.

Dann kann der Ewige selber aber nicht die bloße
Summe der Naturgesetze des Alls sein, sondern nur
der **Naturgesetzgeber** dahinter. ER stellt sich als
Weltschöpfer *(Pancreator)* vor. Der Schöpfer kann
aber nicht mit seiner Schöpfung zusammenfallen, wie
ja auch ein Künstler nur in metaphorischem Sinn mit
seinem Werk eins ist : Eine Sache der Sprachlogik.
Der Produzent "ist" nicht sein Produkt, sonst landen
wir sogleich bei Spinoza mit seinem pantheistischen
"Deus sive Natura naturans". Diese Lehre wird von
allen drei Monotheismen aus gutem Grund eher skep-
tisch gesehen. Kurz : Der „Pankreator" muss zu seinem Werk *transzendent* sein und es "unendlich übersteigen", um es auch nur erschaffen zu können.

Der Gottesbegriff eines *Naturgesetzgebers* ist sogar
kompatibel mit Kants "praktischer Vernunft" und
seiner moralphilosophischen Deutung der biblischen
Religion. Kant formuliert in seiner "Grundlegung zur
Metaphysik der Sitten" den "kategorischen Imperativ"
um : "Handle so, als ob die Maxime deiner Handlung
durch deinen Willen zum *allgemeinen Naturgesetze*
werden sollte." (Stuttgart 1978, S. 68). „Subjektives
Prinzip" von „Maximen der Freiheit, als ob sie Ge-

setze der Natur wären" (a. a. O. S. 126) – „einer Na-
turordnung ähnlichen Gesetzmäßigkeit unserer Hand-
lungen" (a. a. O., S. 82).

Im "Kanon der reinen Vernunft" von Kants transzen-
dentaler Systemarchitektur stehen alle Einzelwissen-
schaften noch unter der "regulativen Gottesidee" vom
Ganzen des Seienden und seiner Erkenntnis. Davon
kann bei der modernen *Scientific Community* nicht
mehr die Rede sein, ganz im Gegenteil. Kants Wis-
senschaftsideal einer durchmathematisierten Naturwissenschaft hat die technisch-industrielle Natur-
manipulation seither so weit vorangetrieben, dass sie
selbst Kants „praktische Vernunft" unter sich begrub,
von Kants "Religion innerhalb der Grenzen der bloßen
Vernunft" ganz zu schweigen, wo die Moralvernunft
noch vom geschriebenen Gesetz des Einen Gottes
gestützt wurde. Kant sah "ein ethisches Gemeinwesen
als ein Volk unter göttlichen Geboten, d.i. als ein Volk
Gottes ..." (Stuttgart 1974, S. 128)

Heute abstrahieren reduktionistische Wissenschafts-
prozeduren positivistisch von allen vermeintlich nur
subjektiven Ambivalenzen, Atmosphären und Paradoxien ihrer methodisch zugerichteten und kastrierten
Objekte, sodass oft das Wichtigste daran unter den
Tisch fällt, wie die "Kritische Theorie" Adornos un-
verlierbar gezeigt.

Das "nachmetaphysische Zeitalter" war vielleicht
voreilig, als es Metaphysik durch kommunikative
Metasprachen ersetzte. *Metaphysica specialis* 2020:
Gott und die Welt und die Seele : Monotheismus,
Naturwissenschaft und Psychoanalyse?

Vielleicht liegt den Blaupausen des Weltbauplans, konzipiert in "sechs" Arbeitstagen, ja eine Höhere Mathematik zu Grunde. Ob Er uns aber jemals in diese Spiel- und Sternkarten naturwissenschaftlich gucken lässt? Zur Lebenspraxis des gewöhnlichen Sterblichen ist das allerdings nicht notwendig, deshalb wohl steht auch nichts davon in Seinem biblischen Ratgeber.

"Der olle Jott" ist nur ein menschlicher Begriff, das stimmt, aber der menschliche Begriff gerade von etwas, das alle menschlichen Begriffe "transzendiert", unsere subjektive Idee gerade von etwas, das ganz außerhalb all unserer subjektiven Ideen liegt, also des **Objektiven schlechthin.**

Die biblische Urhypothese will experimentell getestet sein wie jede wissenschaftliche Theorie. Die empirischen Testreihen laufen seit Jahrhunderten oder Jahrtausenden − open end. Verifizieren lässt sich keine Theorie, schreibt Karl Popper, aber vielleicht falsifizieren? "Das säkulare Zeitalter" (Charles Taylor) der modernen A(nti)theisten *glaubte*, schon akademisch gesiegt zu haben, doch der olle Jott scheint sich ja *offenbar* zurückgemeldet zu haben − weltweit.

Das "Buch der Bücher" ist eben keine Mystik, Magie oder Lyrik, sondern eine sehr rationale, inspirierte und pragmatische Lehr- und Kampfschrift − über historische Erfahrungen eines ganzen Volkes mit einer ebenso folgerichtigen wie unglaublichen Theorie der Sklavenselbstbefreiung.

Deutsche missverstanden dieses Geschichts- und Naturgesetzbuch allzu oft als eine Art Zauberbuch, um übernatürliche Wunder zu vollbringen.

15

"Gott ist Geist, der lebendig macht" *(Hegel)*, und weil wir in biblischer Theorie "persönlicher Geist von Seinem Geist" sind, also mehr als nur Leben, können wir Seine Gesetze überhaupt nur (an)erkennen, nachbuchstabieren und anwenden.

Die drei auf Abraham fußenden Monotheismen sind im historischen Zusammenhang zu sehen. Als die Hebräer einen nationalen „Zaun" um ihren Tanach errichteten, um sie eifersüchtig für sich zu reservieren, entstand *korrigierend* das Christentum mit globaler paulinischer Heidenmissionierung.

Aber christliche Kontaminierung mit Gesetzesrelativierung, griechischer Philosophie, konstantinischer Verstaatlichung, mit Vergötterung des prophetischen *Menschensohnes* Jesus und mit Zölibatisierung des Rabbiners führte *korrigierend* zum Islam, der auf dem proletarischen Arabervater Ismael fußt, dem Erstgeborenen (!) Abrahams aus der unehelichen Verbindung mit seiner schwarzen Sklavin Hagar, welche von der eifersüchtig gewordenen Gattin Sarah zusammen mit dem Sohn verstoßen und in der Wüste vom HErrn selber gerettet wurde.

Ob noch weitere Propheten folgen werden,
muss wohl geschichtlich offen bleiben.

*Bible Left* setzt auf Exodus und Ismaels plebejische Erstgeburt. Das Recht des Allerersten im Himmel auf jede männliche Erstgeburt darf nicht verletzt werden, wenn keine Unheilsgeschichte starten soll wie mit den jüngeren Mamakindern, dem Herrensohn Isaak und dem Jakob-Israel (gegen Sklavensohn Ismael und betrogenem Esau) etc. etc.

16

Gottes Gesetz, unter dem die Erzväter lieber litten als unter ihrem König, löste der christliche Sohn in Liebe und Heiterkeit auf, hält mit dem Heiligen Geist Allahs dann erneut Gericht und konzentriert sich auf dessen unabdingbare Essentials in einer großartigen Einfachheit und Klarheit. – Der dritte Monotheismus kennt weder nationale Beschränkung noch 614 Gebote oder (polytheismusverdächtige) Trinität und erkennt alle Propheten vor ihm an, doch keinen mehr nach ihm. Alle drei Monotheismen bergen totalitaristische Versuchungspotentiale und sind ohne *Pentateuch* nur Häuser ohne Fundament.

Beide anderen Religionen erkennen den vermutlich frau- und kinderlos zu jung verstorbenen ewigen Sohn Jesus nicht ganz an als kompetenten Schriftausleger mit der Autorität eines Patriarchen, der beruflich seine eigene Familie unterhält. Dieser Armenprophet sah seine Familie nur in der Jüngerschar, die ihre Familien verlassen sollten, stieß seine Mutter zurück und spielte seinen himmlischen gegen den leiblichen Vater aus. Er sah das eschatologische Hereinbrechen des Gottesreiches noch zu Lebzeiten so nahe vor sich, dass innerweltliche Zukunftsvorsorge nutzlos wurde. Die „Parusieverzögerung" bis heute musste dann in der Folge durch Dauerkirchen überbrückt und christologisch umgedeutet werden – wie politisches Scheitern zum geistlichen Triumph. Aber Jeshua Ben Josef aus Nazareth hat das Gesetz Gottes vorbildlich erfüllt.

Die christliche Dreifaltigkeit hat ihren rationalen Kern vielleicht in republikanischer Gewaltenteilung (Montesquieu) : *Legislative* (Hebräische Religion des Vaters), *Exekutive* (christliche Sohnesreligion) und *Judikative* (muslimische Religion des Heiligen Geistes im *Jüngsten Gericht*) in AT, NT und Qoran.

Als der Steinzeitmensch noch gemächlich seiner Herde folgte, noch kein einziger Getreidehalm angebaut war, noch niemand ein abgestecktes Stück Land dem Weltschöpfer geklaut und kriegstreibend für sich allein beansprucht hatte, als die Gesellschaft nicht viel größer war als ein freiwillig lockerer Verband von Großfamilien und Sippen in der Steppe, als die Machthierarchien nicht viel steiler waren als die zwischen Mann und Frau und Kind(eskind)ern, als der Unterschied von Mensch und Landschaft noch kein Unterschied von Stadt und Landwirtschaft war, nannte die Bibel diesen Zustand den *Garten Eden*, das Paradies, aus dem der Nomade sich selber vertrieb, als er vom *Baum der Erkenntnis* aß, der Erkenntnis nämlich, wie Gottes Schöpfung am besten erschöpfend zu missbrauchen wäre als bloßer Rohstoff für bessere Schöpfungen dieser sesshaften Übermenschen. Die christliche *Erbsünde* hat ihren rationalen Kern in diesem selbstverschuldeten Fall der nomadischen Jäger, Fischer und Sammler in die gottverfluchte Welt der feudal sich organisierenden sesshaften Ackerbauern und Viehzüchter.

„Macht euch die Erde untertan!" : Tut sie unter eure Wanderstiefel! Der Arbeitssklave geht – und überlässt uns unserem Dreck.

Die beiden Söhne des Urelternpaares : Der Herr zog das Opfer des Wanderhirten (!) Abel dem Opfer des Bauern (!) Kain vor, verschonte aber den Brudermörder als den erstgeborenen Sieger der *freien* Verfallsgeschichte aller Sesshaften. Wir alle stammen ab von Kain, aber nicht von dem Nomaden Abel („Hauch", „schwach").

*Psalm 23* : „Der Herr (JHWE) ist mein getreuer Hirte, mir wird nichts mangeln ..." Die Schafe wohnen am Tisch und im Haus ihres Hirten, und der um 1000 v. Chr. zum König avancierte Hirtenjunge David wurde Gastgeber und Hirte seiner Herde.

Nur zwei Dinge haben die letzten zwei Jahrtausende laut Chesterton in Europa überdauert, der christliche Seelenhirte *(Pastor)* und die bukolische Idyllenpoesie *(Pastorale)* : Sehnsuchtserinnerungen ans verlorene Paradies des vom HErrn favorisierten Goldenen Nomadenzeitalters.

Der Schöpfer versprach, Sein Werk nicht noch einmal zu vernichten, sondern abzuwarten, bis das freie Werk Seiner Ebenbilder wie der Babelturm naturgesetzlich von selbst zusammenbricht, um vielleicht auf Sein − vom Ebenbild verspieltes − nomadisches Urprojekt einstmals wieder zurückzukommen ...

Wir haben kein Patriarchat, und solange es nicht die Unterstützung der Frauen findet, hat es keine Chance gegen die Vorherrschaft von dummen Jungen und ewigen Kindsköpfen. Nur ein Patriarchat macht aus dummen Jungen richtige Männer und potentielle Väter, mit denen richtige Frauen auch etwas anfangen können. Der moderne Kampf gegen Väter ist auch ein Kampf gegen die drei Monotheismen, denn das "Prinzip Vater" ist das Prinzip der Individualisierung des Menschen, der Emanzipation aus dem *Sozialuterus* von Herden, Horden und Kollektiven. Was der Segen des Vaters aufbaut, möge der Fluch der Mutter nicht wieder einreißen.

Sparta, die präpotenteste Militärdiktatur der Antike, wurde dominiert von asexuellen Feministinnen, die ihre Söhne (per Ödipuskomplex) an sich banden und sie dann gegen zu schwache Gatten und Väter ("Weicheier") mobilisierten und scharfmachten. Schon Aristoteles beobachtete, dass ausgesprochene Kriegerstaaten von ehrgeizigen Frauen beherrscht werden, die ihre lahmen Kerle in den Krieg schicken, um sie los zu werden : Und wehe, die kommen dann auch noch geschlagen wieder zurück! Das wird nun gender-ideologisch überhöht und amazonenstrategisch weiter praktiziert. Cherchez la femme!

Gott mag vermutlich unsere Hochkulturen nicht, die Sein Werk durch unsere Werke optimiert zu haben glauben. Sind all diese zivilisierten Veranstaltungen für Ihn nicht nur Verunstaltungen seiner Schöpfung?

Menschliches „Eigentum ist Diebstahl" an Ihm und zur befristeten Nutzung uns alles nur ausgeliehen. Reiche kommen nicht ins Himmelreich, selig sind die Armen, denn ihrer ist es, und Er ist mit den Zerschlagenen im Geiste. Das Joch Seines Gesetzes ist sanfter als das Joch unserer Herrscher, und nur der HErr kann von den Herren der Welt befreien : Keine Revolution ohne Religion! Auch die aufs verfluchte Ackern folgende Industriewelt sollte eine historische Episode nur werden, die wir geistig möglichst bald hinter uns lassen, ist sie doch eine Pandorabüchse, die sich als unerschöpfliches Füllhorn gut verkauft.

*Grand-Design-Kreationismus* : Sind die Evolutionsgesetze des Lebens selber denn auch nur durch Evolution entstanden? Und warum soll der Schöpfer des biblischen Sechstageplans sich nicht einer *Stringtheorie* bedienen, welche die Relativitäts- wie Quantentheorie vereint und eine Jahrmilliardenentwicklung steuert? Dass der „Quantenschaum eines plancklangen

Ur-Vakuums" Ursache-seiner-selbst sein soll, ist doch so unerklärlich wie die gern belächelte scholastische „Aseität" Gottes und andere „haltlose Spekulationen".

Wissenschaft und Philosophie, denen nichts mehr heilig ist, werden zu Technik und Kulturindustrie. „Philosophie ist die Hermeneutik der Gnade." „Das einzig Sinnvolle ist es, Gott starrsinnig mit unseren Gebeten zu belästigen." *(Nicolás Gómez Dávila)*

Und wenn wir alles kapiert haben,
kann Er vielleicht weiterziehen,
der himmlische Weltlehrer ...

Und was ist mit all den vielen anderen Gottheiten aller Zeiten und Zonen samt ihrer Geschichten? Einer genügt, Er vereint sie in sich.

### *Kurze Skizze einiger Religionsphilosophen der Tradition*

*Thomas von Aquin*, der katholische Hausphilosoph, übersetzte das Christentum ins Aristotelische, also ins hochhäuslich Realistische und empirisch Bewährte.

*Hegel* übersetzte den Protestantismus in Religionsphilosophie, die für Eliten auf den Begriff bringe, was die Religion dem Volk in Bildern sage. Gott könne ja als Vaterfigur seinen Begriff nur erfüllen, indem er sich im Gottessohn und dessen Gemeindegeist realisiere, um keine abstrakte Luftidee zu bleiben. Christi und seine Kirche sei gleichsam der „ontologische Gottesbeweis". Die anderen beiden Monotheismen fallen für Hegel dagegen ab.

Jesus erstehe auf nur im „Kerygma". *Rudolf Bultmann* übersetzte die Bibel ins Heideggerdeutsch, so dass seine „Entmythologisierung" sich gleich wieder existential-ontologisch remythologisierte. Bei Bultmann kommt anthropologische Anschlussfähigkeit der Theologie zu ihrem Recht um den Preis rechtslastiger Heideggereien.

*Karl Barths* Gottesbegriff thront so inkommensurabel über seiner eigenen Schöpfung, dass er kaum mehr als ihr Schöpfer verständlich ist, als habe er nichts damit zu schaffen und als sei sie des Teufels. Theologie wird so dialektisch, dass Gott nicht mehr nur der antikulturprotestantische „Ganz-Andere" sei, sondern aller Welt und sogar deren Religion widerspricht. Wenn Christi Himmelreich nicht mehr von dieser Welt ist, ist er vom Weltuntergang kaum noch zu unterscheiden. Die Liebe und Gnade von oben wird launisch und terroristisch wie die Fortuna. Beim „Rotbarth" kommt die unmanipulierbare Unverfügbarkeit des Schöpfers zu ihrem Recht um den Preis einer Zumutung für den Menschenverstand und ohne eine Brücke zwischen Glauben und Wissen.

„Theologie der Hoffnung". Neuere evangelische Christologien wie die von *Jürgen Moltmann* z.B. übersetzten die Bibel in Ernst Blochs marxistischen Messianismus. Aber wo endete der?

### Biblischer Monotheismus oder naturwissenschaftlicher Materialismus?

Das Unverständliche an der veränderlich überkomplexen Welt, schrieb Einstein, ist ihre Verständlichkeit, also dass sie nach erstaunlich wenigen konstanten Gesetzen geordnet sei. Naturgesetze und Logik sind die „Gedanken Gottes vor der Schöpfung", schrieb Hegel. Wenn Gott nicht existiert, verdanken wir und unser Expansionsall, das Sein selber, Freiheit und Moral und die unendlichen „Paralleluniversen" etc., einer fast unendlich hohen Anzahl von kontingenten „Zufällen", will man nur den heutigen „M-Kosmologen" glauben.

Und diese unendlich zahlreichen *zufälligen* Paralleluniversen müssen dann immer schon in einem *Multiversum* tatsächlich koexistieren. In einem unendlich *zufälligen* davon leben wir selber *zufällig*. Man sagt uns : Das ist nun mal *zufällig* so, basta! Jeder der quantenphysikalisch möglichen *Zufälle* sei in einem eigenen Paralleluniversum, das selbst wieder ein eingeschachteltes Multiversum sein müsste, schon längst realisiert. Dann aber gibt es, wie schon Nicolai Hartmann postulierte, keine Möglichkeit, die nicht schon Wirklichkeit wäre, um die extreme kosmologische Unwahrscheinlichkeit unserer Welt und deines Zufallslebens darin wegzuerklären. Dass alle Denkmöglichkeiten aber in einem Multiversum schon verwirklicht sein müssen, ist selbst eine metaphysische These, wenigstens nicht entscheidbarer als die Frage nach der Existenz Gottes. Es könnte ebenso gut auch ganz anders sein, ohne gegen Logik und Naturgesetze zu verstoßen. Es gibt keinen materialistisch-naturalistischen Grund, warum es gerade so und nicht anders ist mit dem All, dass alle kosmischen "Naturkonstanten" gerade "anthropisch" auf seine Beobachter zugeschnitten scheinen. Das Unbedingte gibt es ja naturwissenschaftlich niemals.

Aber "Theodizee"? Was ein Gott an Schlechtem und Bösen in dieser Welt zugelassen hat, würde die Menschheit ohne Ihn eines künftigen Sanktnimmerleintages vermeiden können : Ist das beweisbarer oder widerlegbarer als Gottes Existenz? Ohne einen Gott würde es höchstwahrscheinlich niemals Gerechtigkeit für Verlierer und Opfer geben − nach allen voll gescheiterten Sozialismusexperimenten. Die künftige Existenz einer wesentlich verbesserten Welt scheint nie viel beweisbarer als die Existenz des einen Gottes.

Woher also kommt die primordiale *Vakuumenergie* oder die Mater-ie, *Magna Mater*, aus der angeblich alles kommen soll, wenn nicht wieder aus Materie oder etwas noch Unbekannterem oder aus *Vakuumfluktuationen* des „Nichts"? Doch woher kommt dieses energiegeladene Ur-Nichts der einsamen *Singularität* mit seiner unerklärlichen quantentheoretischen Eigenschaft, in *Planckzeit* ultrakurze *Plancklängen* zu durchmessen und spontane Partikelpaare zu bilden, die rasch wieder ineinander verlöschen, und doch einige davon übrig zu lassen, die nicht mit ihren Antiteilchen symmetrisch verschwinden, sondern durch eine *zufällige Inflationsrate dunkler Energie* oder die *Quintessenz* unser Universum gebildet haben sollen bis heute − im ständigen Gegenspiel mit der Gravitationskraft einer riesigen *Dunklen Materie*?

Kurz : Auch naturwissenschaftlicher Naturalismus ist keine empirische Physik, sondern eine denkmögliche Metaphysik wie der spekulative Theismus, logisch oder experimentell bislang weder beweisbar noch wiederlegbar. Aber der Materialismus ist eine Metaphysik, die sich nicht gestehen will, und der Monotheismus eine Theorie, die sich beweisen will.

Woher also kommen Naturgesetzlichkeit und Logik, die als einziges ewig zu gelten scheinen in einer vergänglichen Welt − ewig wie der Ewige selber?

Naturwissenschaftler und Materialisten schweigen da, Metaphysiker nicht : Naturgesetze und Logik sind nur Gottes Gewohnheiten, die Er aber eines Tages auch ablegen könnte, wann immer es Ihm beliebt. Werden Naturgesetze und Logik das aktuelle Universum überdauern, und wird alles, was jemals gewesen ist, in Gottes Gedächtnis auf ewig gespeichert bleiben?

Physik kennt nichts Unbedingtes, Metaphysik postuliert Ab-solutes. Die abschließende Ursache aller Ursachen hat keine eigene Ursache und ist laut Kant nur eine Vernunftidee, die den Erkenntnisfortschritt steuert – wie auch das komplette Ganze aller Dinge selber kein Ding u. a. ist. In Gedanken lassen sich Weltraum und Weltzeit beliebig erweitern und zerkleinern ad infinitum – logisch und empirisch ist unentschieden, ob es so etwas wie Gott oder die menschliche Freiheit nun gibt.

Es gibt herzensgute Materialisten wie grundböse Theisten, was aber theoretisch gar nichts beweist. Naturalist und Theist, keiner von beiden erklärt die Welt an sich besser. Die Wahl zwischen ihnen bleibt freie Entscheidung und persönlich motiviert, weil Theorien, welche die gleiche unwahrscheinlichste Datenmenge erklären, als gleichwertig und gleichberechtigt zu gelten haben. Theisten können sogar alles Unwahrscheinliche erklären, das Naturalisten sich und uns gar nicht erklären können, nicht etwa umgekehrt. Und ist die moderne Kosmologie eine geringere Zumutung für den allzu gesunden Menschenverstand als die uralte biblische Theologie? Wenn aber eine Gottheit alles kann, dann sich uns z.B. auch in jeder beliebigen Maske präsentieren oder entziehen, warum nicht auch in der Rolle einer Person wie du und ich?

Ist die Unsterblichkeit gestorben, oder geht „Das säkulare Zeitalter" schon zu Ende? Müssen Schuldige, die der Justiz entgehen, vor keinem *Jüngsten Gericht* sich mehr verantworten, und ist das ein Hauptmotiv des heute grassierenden A(nti)theismus : letztlich mit alledem ungestraft davonzukommen? Die Moderne merkt gar nicht, dass sie auf paganische Altpositionen zurückgeht, gegen die biblische Schriften gerade vehement und radikal angehen − wie etwa in der Antike übliche Kindstötungen vor allem bei Sklaven, um sich die gewünschten Dienstleistungsheere zu züchten. Diese Neuheiden sind oft veralteter als die von ihnen verachteten Alten. Sie fallen hinter die heiligen Schriften so weit zurück, wie sie deren *Dorfreligionen* durch Aufklärung überwunden zu haben wähnen. Doch Aufklärung über überholte Mythen wurde ihr eigener mächtiger Mythos laut Adornos „Dialektik der Aufklärung" (1947).

Von den biblischen Erzvätern aus betrachtet, macht z.B. platonistische Homoerotik aus der Not, niemals ganz erwachsen geworden zu sein, die Gendertugend, sich nicht nur gleichberechtigt, sondern auch ganz gleichwertig zu fühlen, ja, anerkannt zu werden von der *permissiven Gesellschaft* der heute den Ton angebenden kosmopolitischen, links-liberal wohlhabenden Globalisierungsprofiteure und auch Multikulti-Eliten, welche die abgehängt Zurückgebliebenen ins Rechtsaußenstigma verdrängen.

Zur Religion hielt Philosophie lange zu geringe und hält sie heute zu große Distanz. Die wirkmächtigsten Denker wie Platon, Aristoteles, Descartes, Spinoza, Leibniz, Kant, Hegel, Kierkegaard, Husserl und Wittgenstein waren gar keine Atheisten und Agnostiker gewesen, die zeitgenössischen sind es aber zumeist, als wären sie nur gehorsame Kinder ihrer säkularen Zeit. Kant sah noch alle Wissenschaften abhängen von der *regulativen* Gottesidee, und Hegel folgte ihm. Antitheismus wurde zum akademischen Standardmodell des Westens, doch der Monotheismus hat seine aufgeklärten Verächter inzwischen überlebt und ist weltweit längst wieder auferstanden von den Totgesagten – ohne den „ollen Jott" wären Sozialrevolutionen von Arbeitssklaven global aussichtslos.

Die *vita contemplativa* und reine *theoria* des gotterschaffenen Kosmos werden hier gegen jeden Neopragmatismus und sozialtechnischen Aktionismus verteidigt, um die freigesetzte neuzeitliche Subjektivität in den fälschlich schon verabschiedeten metaphysischen Kosmos zurückzubetten.

## Anhang : Formale Theologik

Gottes Bewusstsein vom Ganzen ist Teil dieses Ganzen, christologischer Teil des Ganzen aber gerade als Bewusstsein von ihm. So entsteht der Widerspruch, dass

1. das Bewusstsein das Ganze, dessen es sich bewusst ist, um genau so viel übersteigt, als es dessen Bewusstsein ist, also Bewusstsein, das zum bewussten Sein im Ganzen hinzukommt, und dass gleichzeitig
2. dieses Ganze um genau so viel mehr ist als sein Bewusstsein von ihm, als das Bewusstsein vom Ganzen selbst nur ein Teil des Ganzen ist.

Jener Teil des Ganzen, dem dieses Ganze samt seiner selbst in ihm bewusst werden will, ist mehr als das Ganze selbst und transzendiert es, ein *Ens sui generis*, welches das Ganze zu einer Meta-Ganzheit ergänzt. Erstens leisten wir unseren Tribut an den Materialismus: Das Bewusstsein vom All könnte nicht Selbstbewusstsein sein, wenn es kein Teil des Universums wäre, das es begreifen will. Zweitens leisten wir dem Idealismus Tribut: Ein Bewusstsein vom All könnte kein Teil des Alls sein, wenn es nicht Selbstbewusstsein wäre und als solches nicht über sich stünde. Das All muss schon vollständig vorliegen, bevor ein Bewusstsein davon sich bildet. Es darf durch ein Bewusstsein von ihm nicht erst mitdefiniert werden, da sonst Bewusstsein sich stets voraussetzen würde und früher als es selbst wäre.

Nun haben wir in den „Principia mathematica" (1912) von Russell gelernt, dass der Oberbegriff einer Klasse von Objekten stets außerhalb der Klasse steht : der Begriff gehört nicht zu dem, was er begreift. Die Klasse ist kein Element ihrer selbst, ohne sich selbst zu widersprechen. Dass der Begriff von anderem logischen Typ ist als die von ihm begriffenen Gegenstände, war ja die Auflösung jener sogenannten Russellschen Paradoxien, die zu Beginn des 20. Jahrhunderts Mathematik und Logik in eine ernste Grundlagenkrise zu stürzen drohten. Auf unser Problem angewendet, die Universalität der Begriffe vom Universum in einem selbstreflexiven Bewusstsein zu begreifen : Das 'transzendentale Ego der reinen Apperzeption', die intelligible *res cogitans* von Descartes bis Kant, die transzendentale Subjektivität bei E. Husserl, sind durch den Abgrund einer theo-logistischen Metastufe getrennt von der Natur (samt meiner eigenen empirisch-faktischen Existenz in ihr). Was jedes menschliche Individuum schon als Teil des Ganzen und als Ganzes seiner Teile darstellt, repräsentiert der Gottesbegriff in Bezug auf das Ganze aller denkbaren Ganzheiten. Damit formalisieren wir nur den „Sinn des Sinns", den *Volker Gerhardt* in seinem „Versuch über das Göttliche" (2014), einer Religionsphilosophie rationaler Theologie, über die Vereinbarkeit von (christlichem) Glauben und wissenschaftlichem Wissen ausgeführt hatte.

# Religionswissenschaft und Logik

## *Christlicher Glaube und aufgeklärte Vernunft*

Seit die alte Lehre von der *doppelten Wahrheit* des gesunden Menschenverstandes und der Offenbarung nicht mehr ausreicht, die Kluft zwischen Glaubens- und Vernunftwahrheiten zu überbrücken, sind Sinnlosigkeit und Unsinn zu Indizes des Übersinnlichen avanciert. Die Fragwürdigkeit wurde ein Siegel jeder Glaubwürdigkeit.

Alle weiteren Versuche, zunehmende Über-, Wider- und Unvernunft des christlichen Glaubens doch noch zur Vernunft zu bringen, endeten für den Glauben stets vernichtend.

"Der Christ glaubt und bekennt,
der Jude weiß und erkennt", sagt ein altes Wort.

Aufklärung und Psychoanalyse heben den „Wahrheitsgehalt des Glaubens" dadurch auf, dass sie die geheime Wahrheit im Herzen der Unvernunft des Glaubens aufzeigen. Sie zerstören den Glauben gerade dort, wo sie seine verlorengegangene Übereinstimmung mit der Vernunft wiederentdecken. Das Paradoxe ist, dass der Glaube es nicht überlebt, kein Paradox zu sein. Sein Motiv vernichtet seine Wahrheit. Im Übrigen will es scheinen, er mute heute dem vielbeschworenen Verstand weniger zu, als der Theologie um der Selbsterhaltung willen lieb sein dürfte.

Erweisen wir dem Glauben also noch einmal den Bärendienst, ihn hinter dem Panzer seiner vermeintlichen Unlogik hervor zu zerren. Natürlich bleibt es weiter Sache des Glaubens, ob Jesus ganz Mensch und doch gleichzeitig ganz Gott war, ob er seinem Gott stellvertretend für uns alle genug getan hat und ob er den bußfertigen Teil der Menschheit nun erlöst hat. Wir werden uns mit dem schlichten Aufweis begnügen, dass der Glaube daran gar nicht widersinnig und unlogisch ist, nicht einmal nach den Spielregeln moderner mathematischer Log(ist)ik, wenn wir einmal ganz unbefangen den religiösen auf den formallogischen Code abbilden.

Mathematische Logik gilt als die strengste aller modernen Wissenschaften. Wer sie gegen sich hat, hat keine guten Karten im akademischen Raum.

Die Scholastik fasste Gott auf als das **ens entium**, als **ens summum et ens communis**, als das gleichzeitig höchste und allgemeinste Seiende in der Rangordnung der *analogia entis*. Noch heute kreidete Heidegger der Metaphysik ihren „onto-theologischen" Charakter an. Im Folgenden werden wir versuchen, die dem christlichen Glauben zugrundeliegende *Theo-logik* zu rekonstruieren, ohne aber aus diesem Glauben heraus zu sprechen.

Theologie, als die theoretische Selbstauslegung des praktizierten Glaubens, geht aufs Ganze, sie *ist* das Ganze, auf seinen Sinn gebracht. Der Gottesbegriff sei der ganze "Sinn des Sinns", schrieb Philosoph Volker Gerhardt 2014. Theologie als Inbegriff des Seienden-im-Ganzen ist als Spezialwissenschaft u. a. selbst ein Teil dieses Ganzen, ein Teil des Ganzen aber gerade als sein Inbegriff. Sie macht sich einen Begriff vom

31

All, und dieser Begriff ist als Teil des Alls immer jenseits des Alls, Jenseits aber eben *als* Bestandteil des Alls. Überall herrscht dieser Widerspruch, der die formale Logik so wenig aufhebt, dass er ihre modernste Spielart zu Beginn dieses Jahrhunderts überhaupt erst ins Leben rief.

Auch Gott, als Ursprung und Schöpfer der Welt ihr Jenseits, ist für Christen in Christus sein eigenes Geschöpf geworden, hat in ein und derselben Person (als Mensch) teil an derselben Welt, über der er (qua Gott) steht. Schuf Gott sich selbst, der alles schuf, was nicht sich selbst erschaffen kann? Und falls er sich selbst erschaffen hat, hat er dann sich erzeugt als eines seiner Geschöpfe u. a. oder sich selbst als den, der sie alle erschuf – inklusive *Jeshua ben Joseph*, der für Christen Gott selber (gewesen) ist? Erlöst dieser Jesus aus Nazareth auch sich selbst, der alle erlöst, die sich selbst nicht erlösen können?

Logisch ist „Gott" der Name für den obersten aller Gattungsbegriffe, den allgemeinsten Oberbegriff aller Oberbegriffe, den Inbegriff aller *Transzendentalien*, die Menge aller Mengen und Klasse aller Klassen, Schöpfer aller Schöpfer und Geschöpfe, Prinzip aller Prinzipien, Urgrund aller Grundlagen, Sein alles Seienden etc. Das ,universe of discourse' ist in den Augen Gottes die Allklasse des Seienden im Ganzen, und da die leere Menge Teilmenge jeder Menge ist, ist auch in Gott die Nullmenge enthalten, also die Allklasse aller im Widerspruch zu sich selbst stehenden Dinge, alles nicht mit sich selbst identischen Seienden, der Bereich des Nichtexistenten, theologisch gesprochen: des Nichtigen und Bösen.

Wenn dieser Gott alles und nur all jenes erschafft, was nicht sich selbst hervorbringen kann, hat er dann auch sich selbst produziert, also den, der alles samt seiner selbst in die Welt setzt – ist er also Ursache dafür, *dass* er Ursache aller Sachverhalte ist?

Wenn Gott der Grund von allem ist, was sich nicht selbst begründen kann, kann er dann begründen, *dass* er Grund von allem ist? Wenn er sich selbst begründet, dürfte er sich *nicht* selbst begründen, da er doch nur jene Wesen begründet, die nicht Grund ihrer selbst sind. Ist er aber *nicht* Grundlage seiner selbst, dann gehörte er ja gerade zu jenen Wesen, deren Grund er ist.

Das ist das Russellsche Paradox am Eingang der neuzeitlichen Logik. Das ist auch der Kern des Witzes über die paradoxe Omnipotenz Gottes, mit der er eine Mauer soll erschaffen können, die er selbst nicht mehr übersteigen könne. Kann er sie nicht überwinden, ist er nicht allmächtig. Überwindet er sie aber, hat er keine für ihn unüberwindliche Mauer errichtet, ist also ebenso wenig allmächtig. Wo liegt der Ausweg?

Der Grund alles Seienden ist auch selbst ein Seiendes unter anderem *(ens entium, ens summum, ens realissimum, ens perfectissimum* etc.), ein Seiendes unter anderem aber gerade als Grund alles Seienden. Gott kommt als Ding unter anderen Dingen in der Welt vor gerade *als* Bedingung der Möglichkeit aller Dinge, unter anderem jenes Dinges, das er selbst ist, ein "Menschensohn" gerade als der Vater aller Menschen, Vater der Menschheit aber gerade *als* sein eigener einzelner „eingeborener Sohn" hienieden, *causa sui et causa causarum* in einer Person, *natura naturans* und *natura naturata*.

Gott ist *causa sui,* sofern ja seine Existenz notwendig aus seinem Wesen folgen soll, aber diese seine *Aseität* ist zweideutig : Im Menschen Jesus hat er sich hervorgebracht als Seiendes u. a., aber *als* dieses Produkt ist er gleichzeitig doch auch Produzent aller Produkte samt seiner selbst, ist er also Urheber dafür, *dass* er Verursacher aller denkbaren Sachverhalte ist – unter anderem des Menschen Jesus.

Gott ist als Grund alles Seienden auch Grund jenes Seienden, das er selbst ist neben anderem Seienden, des sterblichen Christus, und in diesem heillos Bedingten, in dem er sich bedingungslos an die Welt verdingte, ist er zugleich Bedingung aller Dinge. Man sieht, Gottvater und „Gottsohn" sind ein und dieselbe Person und doch durch den Abgrund einer theologischen Metastufe tief voneinander geschieden, und was die Theologen den *Heiligen Geist* nennen, ist genau dieses für den Logiker : die *Identität von Identität und Nicht-Identität* von Gottvater und Gottsohn, von Begriff und Individuum, von Form und Inhalt, von Sein und Wesen, von Klasse und Element.

Gott bringt sich als Menschen hervor, in Christus als denjenigen, der alle und alles (neu) hervorbringt. Gott transzendiert das Ganze um genau so weit, wie das Ganze seinerseits mehr ist als z. B. jener Teil des Ganzen, der als Christus die Summe des Ganzen ist, Summe aber als ihr eigener Summand. Arithmetisch ist eine Summe aber nur dann mit einem ihrer eigenen Summanden identisch, wenn die übrigen Summanden gleich Null sind oder sich zu Null summieren, und gerade zu dieser Null ist der Mensch und alles unter ihm ja vor Gott gemacht. – Gott unterwarf sich in Christus einer Welt, die ihm unterworfen ist.

Die Welt, die ihn zertreten konnte, war genau so viel mehr und anders als Jesus, wie Gott mehr und anders ist als seine Welt. Diese Dialektik des Teils und des Ganzen, macht sie nicht die geheime formale Logik und Logistik der christlichen Theologie aus?

Das Mysterium Christi, als das bekannte mengentheoretische "Paradox der materialen Implikation" formuliert, löst sich mit Russells „Typentheorie" in Wohlgefallen, wenn nicht in Gottwohlgefälligkeit auf.

In dem Sinne, in dem der Katalog einer Bibliothek ja auch ein Buch der Bibliothek ist und doch nicht in genau der Bibliothek enthalten, die in ihm enthalten ist, nahm Gott in Christo Anteil an seiner Welt, indem er einer ihrer Bestandteile wurde – aber teilhatte an der Welt jenseits der Welt als ihr Inbegriff, an dem sie partizipiert.

Das Jenseits ist ein Teil des Diesseits – als Jenseits, und das Jenseits ist Jenseits – *als* Diesseits. Gott ist der Schöpfer jener Welt, deren Geschöpf er ist *als* Sohn Marias und Josephs, Kreatur aber gerade *als* Demiurg. Damit wird auch der ewige Streit schlichtbar zwischen Theismus und Pantheismus : Gott ist identisch mit seiner Welt, sofern logisch ja jede Klasse nichts ist als die Menge der Objekte, die sie pantheistisch enthält.

Aber nach Russell ist jede Menge zwar eine Teilmenge, aber kein Element ihrer selbst, also *als* Menge getrennt vom logischen Status ihrer Elemente wie Gott von seiner Welt durch mindestens eine Meta-Ebene. *In Christo* ist Gott theo-logisch Teilmenge und nicht Element der Weltmenge, die er in sich hat.

Er ist *Untermenge,* nicht *Element* unter anderen elementaren Elementen. Unter die von ihm geschaffenen Elemente mischte er sich nicht als Element u. a., sondern als Untermenge von Elementen seiner selbst.

Der Weg vom Mythos zur Aufklärung läuft über die Religion, über den Bann einer Übernatur, die als kontingenzüberwindendes Kompensat der Ohnmacht vor der Natur selber nur Reflex dieser Ohnmacht ist. Mit meiner Herrschaft über Natur zergeht auch die Herrschaft der Übernatur über mich?

Bevor Philosophie sich von Theologie emanzipierte, war diese Dialektik des Teils und des Ganzen nicht die Dialektik der Menschheit, nicht *des* Menschen, sondern jenes Menschen, der an allen Menschen ebenso teilhatte wie an ihrem göttlichen Inbegriff: Jesus, als *primus inter pares* ein *pars pro toto*, eine Metonymie und Synekdoche. Gott als Inbegriff der Menschheit ist ganz Mensch u. a., Mensch unter anderen aber *als* Inbegriff der Menschheit jenseits der Menschheit : ganz Gott *und* ganz Mensch nach den berühmten Konzilsformeln. Das ist völlig logisch im Einklang mit moderner Mathematik.

Der berüchtigte Streit um den i-Punkt zwischen *homo-ousios* und *homoi-ousios* ist ebenso verständlich wie schlichtbar. Fassen wir die Soteriologik der Christologie als „Russellsche Antinomie" : Erlöst Jesus sich selbst, wenn er alle Menschen, d.h. jene Wesen erlöst, die sich selber nicht erlösen können? Wenn er sich selbst erlöst, gehört er zu denen, die er *nicht* erlöst Erlöst er sich selber aber *nicht,* hätte er gerade sich selbst zu erlösen.

Die Lösung lautet : Der erlösende und der erlöste Christus sind nicht identisch. Der göttliche Christus erlöst den menschlichen Jesus. Christus erlöst die Menschheit von der Sünde, also von der Verdammnis – also auch sich selbst, sofern er der leidende Mensch Jesus ist. Aber wenn er sich selbst miterlöst, dann den, der alle Menschen erlöst – samt dem, der alle erlöst etc. ad infinitum.

*Wovon* aber sollte er erlösen, der alle samt sich selbst erlöst? Von der Sünde als erbsündiger Mensch u. a. – Aber Christus wird geglaubt als der einzige Unschuldige. Erlöst er sich also davon, *dass* er alle erlöst? Erlöste er sich aber gerade von seinem Welterlösungswerk, dann erlöste er gerade niemanden und wäre wirklich nur *servus servorum* wie der Papst, eben ein Mensch *unter* anderen Leuten.

Jesus war ganz Mensch, aber einer, der zur Menschheit, nachdem sie vollständig vorliegt und ihre zukünftige Vollzähligkeit in ihm antizipiert ist, ganz von außen hinzutritt, per definitionem als einziger Unschuldiger zu uns ausnahmslosen Erbsündern. Die Menschheit ist durch Jesus nicht um ein weiteres Exemplar komplettiert, sondern um nichts weniger als ihre Erlösung, um die „stellvertretende Genugtuung Gottes", um Gott selber. Die Menschheit, in der Jesus ein Glied u. a. ist, ist eine andere als jene, die ohne ihn vollzählig ist und deren Stellvertreter vor Gott er ist.

Der Erlöser der alten Welt, jenseits von ihr, ist er *primus inter pares* im neuen Äon : *Gott für* die unerlöste und Mensch *in* der erlösten Menschheit.

Die Menschheit verhält sich zu Christus fast wie eine Bibliothek zu ihrem Katalog, und die Bibel ist ja das

„Buch der Bücher" genannt. *Als* Unschuldiger steht Christus außerhalb der sündigen Menschheit : HErrgott. Die einzige Menschheit, in der dieser Gott ein Mensch u. a. wäre, ist die einst erlöste. Was den historischen Jesus vom nur geglaubten Christus trennt, ist dasselbe, was diese Menschheit, die er transzendiert, von jener Menschheit unterscheidet, in der er ununterscheidbar aufginge − die endliche Befreiung vom *Status corruptionis et iniquitatis*.

Und Jesus ist ganz Mensch, sofern er als Unschuldiger bereits Teil der erlösten Menschheit im Ganzen ist, ganz Gott aber, sofern er als dasselbe einzige Unschuldslamm ganz außerhalb der sündhaften Menschheit steht, anders und mehr als die Summe ihrer Mitglieder. Eine Klasse für sich ist nicht Element ihrer selbst, sondern Element ihrer Oberklasse. Erst als das erste Mitglied der erlösten Menschheit hat Jesus auch sich davon erlöst, alle Menschen zu erlösen.

Den Alten eine Torheit, war er den Heiden ein Ärgernis. Aber seit 1910 dürfte wenigstens die Logik so wenig mehr Ärgernis an ihm nehmen wie an den Russellschen Aporien. Wir sahen, dass der christliche Glaube mindestens nicht paradoxer ist als die logischen Antinomien, die zu Beginn dieses Jahrhunderts die Neubegründung der Mathematik erzwangen. Und wenn der Logiker damit nicht ganz selig wird, dann nicht deshalb, weil er an der Christologik noch Ärgernis nehmen müsste, sondern weil es *eine* Sache ist zu glauben, dass Jesus von Nazareth wirklich Gott war, eine andere Sache, zu wissen, dass wenigstens kein logischer Widerspruch ihn daran gehindert haben kann, es gewesen zu sein − wenn er es denn gewesen sein sollte.

Man kann nun weder mehr glauben noch nur deshalb ungläubig bleiben, weil es absurd wäre zu glauben – einfach deshalb, weil es widersinnig eben nicht ist.

Nun fürchten wir zwar, dass dafür weder die Gläubigen noch die Ungläubigen der mathematischen Logik Dank wissen werden, aber wenn Formale Logik schon nicht das Fundament der Religion erneuern kann, wie sie es mit den Grundlagen aller Mathematik getan hat, so zerstört sie diese doch auch wenigstens nicht.

Aufklärung, Säkularisierung und Psychoanalyse entziehen dem christlichen Glauben in dem Augenblick den Sinn, wo sie ihm seinen ihm unbewussten ‚niederen' Hintersinn unter die Nase reiben. Sie rauben ihm die Funktion, wo sie *funktionale Äquivalente* für ihn anbieten. Anders als an Marx und Freud stirbt der Glaube wenigstens nicht daran, sich seine geheime A-logik und Irrationalität vorrechnen zu lassen von Lord Russell und dessen neuheidnischen Erben.

Kants und Hegels Dialektik wollte immer auch philosophische Rechtfertigung der christlichen Religion aus reiner Vernunft sein, aber Lord Russells moderne Log(ist)ik lässt sich nicht dazu verwenden, die Unlogik des Christentums zu begründen. Zu beweisen ist (vielleicht) mit Hegels „Logik" die christliche Logik, aber mit Russells "Typentheorie" keineswegs die christliche Unlogik. Das ist das bescheidene Resultat unserer logischen Begriffsanalyse. – q. e. d.

„Id quod non magis cogitari potest"?
(*Anselm von Canterbury*, „Proslogion", 1078 n. Chr.)
Welches aber nun ist das *überabzählbar* Unendliche von höchster *Mächtigkeit*? Sind es die *abgründigen Mengen*, die Leibniz nannte und kannte?

## Theologie und christliche Volksreligion

Es braucht schon Ressentiment, um die „Rache der Schlechtweggekommenen an den Edlen, Starken und Vornehmen" als Verleumdung des Lebens zu verleumden. Erzreaktionäre waren es, die den Schwachen erfolgreich einredeten, daß das Buch der Bücher ein Handbuch für Reaktionäre sei. Wer die Bibel zusammen mit den Kirchen verwirft, hat das Kind mit dem Bad ausgeschüttet und das Wissen zusammen mit dem Mythos gelöscht. Die Pharisäer sagten : Es könnte länger dauern, als wir glauben. Der Pharisäer Jesus sagte: Es könnte schneller gehen, als wir glauben. Pharisäer sagten, es sei noch zu viel Zeit bis zum Anbruch des Gottesreiches, um schon keine Zukunftspläne mehr zu machen. Der Pharisäer Jesus meinte, es sei zu wenig Zeit mehr, um noch große Pläne für die Zukunft zu machen.

Die Pharisäer richteten sich auf eine lange Durststrecke ein, aber Jesus rechnete nur noch mit einer sehr kurzen Durststrecke bis zur Gottesherrschaft. Wenn er ein Junggeselle gewesen sein sollte, dann vielleicht deshalb, weil er der Meinung war, daß es nicht lohne, so kurz vor dem Weltende noch eine Familie zu gründen. Vielleicht sprach er sich gegen die Ehescheidung aus, weil sie sich nicht mehr lohne so kurz vor dem erwarteten Ende der Welt. Wer keinen Lebensgefährten habe, solle sich keinen mehr nehmen, und wer einen habe, solle bei ihm bleiben, alles andere lohnte sich für den biblischen Jesus nicht mehr.

Über den geglaubten Christus steht in den biblischen Schriften mehr als über den historischen Jesus. Daß sein Verhältnis zu seiner Mutter gespannt war, hätten die Evangelisten nicht überliefert, wenn es nicht gestimmt hätte, meinen die heutigen Ausleger. Ob Jesus seine Mutter zurückstieß, weil er sie zeitlebens im Verdacht hatte, ihren Gatten mit einem römischen Legionär betrogen zu haben, muß eine psychologische Vermutung bleiben.

Wir wissen nicht, ob er nicht wußte, wer sein leiblicher Vater war, und ob er den lebenslangen Verdacht hatte, ein uneheliches Kind zu sein. Ob der Zimmermann Joseph sein Vater war oder nur sein Ziehvater, ist ebenso dunkel wie die Vermutung, daß Jesus als ein politischer Aufrührer gegen die Römer gestorben ist, bevor er als Schriftgelehrter erwachsen genug war.

Nirgendwo steht ein Wort darüber, ob Jesus Junggeselle oder Familienvater war. Die Christen schließen daraus, daß er weder Weib noch Kind hatte. Mancher schließt daraus im Gegenteil, daß er Familienvater gewesen sein muß, weil ein Lehrer ohne Weib und Kind zu ungewöhnlich gewesen wäre, um nicht ausdrücklich erwähnt zu werden. Sah Jesus sich als ewigen Sohn seines himmlischen Vaters, weil er sich nicht als Sohn seines leiblichen Vaters sehen konnte und weil er kein Vater leiblicher Kinder war? „Vater, Vater, warum hast du mich verlassen", soll er am Kreuz gerufen haben. Der Ausruf passe zu schlecht in die christliche Legende Jesu, um ihm nur in den Mund gelegt worden zu sein, meinen einige Interpreten. Vielleicht fühlte er sich am Kreuz, in dem der Psychoanalytiker Groddeck die Mutter sah, von seinem himmlischen Vater nicht weniger verlassen als von seinem leiblichen Vater, den er früh verloren haben könnte oder aus unbekannten Gründen nie recht zur Kenntnis genommen hat, so daß er von seiner Mutter nie ganz loskam und sie darum zeitlebens von sich stoßen mußte.

Die Römer kreuzigten ihn nicht als religiösen Aufrührer gegen die Tempelpriester, sondern als politischen Aufrührer gegen die Römer. Seine Landsleute, die ihn für den Zeloten Barrabas auswechseln wollten, wußten sehr gut, daß er weder das eine noch das andere war, um die Todesstrafe zu verdienen. Es waren keine Pharisäer, die auf Seiten des Volkes standen, sondern es waren sadduzäische Tempelpriester, die mit den Römern kollaborierten. Die Tempelaristokratie arbeitete mit den Römern zusammen, um ihre Tempelprivilegien zu schützen, aber unter dem Vorwand, Schlimmeres zu verhüten, läßt sich denken. Die beim Volk verhaßten Sadduzäer machten sich vor Pharisäern und Römern nicht so lächerlich, Jesus als Gotteslästerer und religiösen Messiasanwärter anzuklagen. Gott gelästert hatte Jesus nie, und sich für den Messias auszugeben, war zu Jesu Lebzeiten so verbreitet wie erlaubt. Die Tempelpriester klagten ihn als jemanden an, der er wirklich nicht war, weil sie nicht wagten, ihn als den anzuklagen, der er wirklich war. Hätten sie ihn als Verletzer des religiösen Gesetzes angeklagt, hätte das weder Römer noch Pharisäer beeindruckt, deshalb lieferten sie ihn als Verletzer des römischen Gesetzes aus. Sie wußten so gut wie die Pharisäer, daß Jesus weder ein Rebell gegen den Herrgott noch ein Rebell gegen die römischen Herrscher war. Die Tempelpriester lieferten ihn an die römische Besatzungsmacht aus, weil er als Tempelreiniger ihre materiellen Privilegien angegriffen hatte. Vor Tausenden von Wallfahrern hatte Jesus die Geldwechsler und Devotionalienhändler aus dem Tempel getrieben und versprochen, er könne den Tempel zerstören und ihn in drei Tagen wieder aufbauen. Wenn Jesus am römischen Kreuz wirklich als Tempelreiniger sterben mußte, dann ist er nicht für das gestorben, was ihn von den Landsleuten seiner Zeit unterschied, nämlich für seine eschatologische Nah-

erwartung. Wenn die Tempelpriester ihn als Tempelreiniger anklagten und als politischen Aufrührer an die
Römer auslieferten, dann ist Jesus nicht als Eschatolo-
ge des nahen Gottesreiches angeklagt und ausgeliefert
worden.

Über das, was die Pharisäer und Tannaiten seiner Zeit
lehrten, ging Jesus entweder nicht weit genug oder viel
zu weit hinaus, um je in ihre Schriften Eingang zu finden. Was an Jesu Gesetzesauslegung richtig war, war
von anderen Schriftgelehrten schon gesagt worden, und
was von ihnen noch nicht vertreten worden war, war für
sie indiskutabel.

Sein vermeintlicher Anspruch, der Messias selbst zu
sein oder wie Johannes der Täufer nur der Gesandte
des göttlichen Gesandten, war vielleicht nur der Anspruch auf die gültige Auslegung des göttlichen Gesetzes. Vielleicht hatten die Pharisäer Recht, wenn sie im
erwerbstätigen Familienvater einen authentischeren
Lehrer sehen als im bettelnden Meister seiner Jünger,
der um Gotteswillen Eltern und Familie zu verlassen
fordert.

Jesus war nicht nur der Lehrer derer, die um Gotteswillen Weib und Kind in Stich lassen, sondern auch der
Lehrer derer, die ganz auf Weib und Kind verzichten.
Ob er nun wie jeder andere Schriftgelehrte Familienvater war oder nicht – einem Junggesellen, „Ver-
schnittenen" oder Sünder mag der Meister seiner Jünger näher gewesen sein als ein Lehrer der Orthodoxie.
Die jesuanische Lesart der Schrift zwischen essenischer
Ordensmoral und pharisäischer Handwerkermoral, war
sie ein Erlösungsangebot auch an jene, die nicht ganz
erwachsen werden konnten? Glaubte er, nur einen
geistigen Vater im Himmel zu haben und keinen leib-

lichen Vater in Fleisch und Blut?

War seine Katastrophenmoral, wie Ernst Bloch sie nannte, die Moral eines Junggesellen, der keine Zukunft in eigenen Kindern hat? Es mag Menschen geben, die ihn so sehen und für die er nur so etwas bedeutet. Wenn er ewiger Sohn und Junggeselle war, könnte er der Lehrer der ewigen Söhne und Junggesellen immer wieder gewesen sein. Der Gedanke läßt sich durchspielen, dass Jesus der Lehrer der ewigen Kinder war und der nicht ganz zu Ende Geborenen, die gleichwohl keine Gesetzesbrecher werden wollen und sollen. Lebte er nicht, als würde die Welt noch zu seinen Lebzeiten mit ihm zu Grunde (und zum Grunde) gehen? Hieß weiterleben für ihn nicht, weiterzuleben in geistigen Kindern statt in leiblichen Kindern?

Lebte er nicht, als kämen nach ihm keine Geschlechter mehr? Verlasse deine Familie, aus der du kommst, wie die Familie, die du gegründet hast, und folge mir nach, der ich Gottvater nachfolge, ohne selbst Vater zu werden: Lebte er nicht, als hätte es keinen Sinn mehr, so kurz vor dem Ende aller Dinge noch Berufe zu erlernen und Familien zu gründen und Denkmäler zu errichten? Wem wurde durch Jesu Opfertod 'stellvertretende Genugtuung' gegeben, dem Herrgott oder der römischen Besatzungsmacht? Lieferten die Tempelpriester den Tempelreiniger Jesus an die Römer aus, um den Römern 'satisfactio vicaria' zu geben, damit nur Jesus und nicht seine Landsleute mit dem Tode bestraft würden für politischen Aufruhr? Übertrugen die Christen die stellvertretende Genugtuung vom römischen Gesetz auf das göttliche Gesetz? Jesus ging es nicht um Rom oder Nicht-Rom, sondern um das Gottesreich gegen alle Weltreiche, wie beim heiligen Augustinus beschrieben.

Das Gesetz kann nur von Gott verabschiedet, d. h. in Kraft und außer Kraft gesetzt werden. Der Christ soll so leben, als wäre Gott schon Herr über alle Herren, und als würde er nicht mehr seine Allmacht aus Allmacht zurückhalten, um dem Menschen die Weltherrschaft zu überlassen. Nach Jesus kann und soll noch jeder nach dem Gesetz Gottes leben, aber kann schon nicht mehr so leben, als ob noch seine Nachkommen nach diesem Gesetz leben können. Was nach mir kommt, sind nicht meine Kind(es-kind)er, sondern die Aufhebung des Naturgesetzes, welches Voraussagen der Zukunft erlaubt. Nach Jesus wird der Mensch nicht mehr als Mann und Frau existieren, die ein Fleisch werden, um den Menschen hervorzubringen nach dem Ebenbild Gottes.

So wenig Jesus gesagt hat, daß das Gesetz seiner Väter nicht erfüllt werden *muß*, so wenig hat er gesagt, daß dieses Gesetz nicht erfüllt werden *kann*. Es ist zu erfüllen, es muß und kann erfüllt werden, mit Gottes Hilfe und um des Menschen willen. Jesus hat nur gesagt, was das Gesetz besagt, wenn ernst genommen wird, daß es jederzeit durch Gott aufgehoben werden kann. Er hat nicht gesagt, er sei der Erlöser, sondern er hat gesagt, was es für das Gesetz bedeuten würde, wenn der Messias mit ihm käme oder schon gekommen wäre. Das Gesetz Gottes als Gesetz der Natur ist zu erfüllen im vollen Bewußtsein, im nächsten Moment schon nicht mehr zu gelten. Jedes Gesetz ist so gut, wie es Zukunftsvoraussagen erlaubt. Nach Jesus sieht Gottes heiliges Grundgesetz die Aufhebung seiner eigenen Zukunft vor(her). Es macht Voraussagen über eine Zukunft, in der es keine Vorhersagen mehr machen wird.

Imitatio Christi : Jesus nachzufolgen heißt gerade nicht, ein Amt zu bekleiden, einen Beruf auszuüben, eine Familie zu gründen und zu ernähren. Er sagte : So lange es auch noch dauern mag bis zum Weltende, die Zeit ist zu knapp für große Vorsorgeuntersuchungen. Seine Gegner sagen bis heute : So nahe das Weltende auch sein mag, es ist immer noch zu viel Zeit, um keine Zukunftspläne mehr zu machen. Als er angegriffen wird, weil seine hungrigen Jünger am Sabbat die Arbeit verrichten, Ähren am Wegrand abzureißen, sagt Jesus, der Sabbat sei um des Menschen willen geschaffen und nicht der Mensch um des Sabbats willen. „Du sollst nicht ehebrechen", steht geschrieben, aber Jesus sagt, daß Ehescheidung ein Ehebruch sei und daß schon der Gedanke an den Ehebruch ein Ehebruch sei. Du sollst deinen Vater und deine Mutter ehren, auf daß du lange lebest auf Erden. Jesus schwieg seinen Vater tot und stieß seine Mutter mehrmals schroff von sich, aus welchen Gründen auch immer. Er starb im Alter von nur etwa 33 Jahren.

Durch den Anbruch der Gottesherrschaft wurde das eine Gesetz Gottes verschärft und das andere abgemildert. Hat Jesus die Mühe und Last des göttlichen Gesetzes für die Erniedrigten und Beleidigten, Mühseligen und Beladenen erleichtert? Wenigstens soll ein Seil eher durch ein Nadelöhr gehen, als daß ein Reicher in den Himmel gelange. Den Kindern, die keine Zeit mehr haben würden, sich als Erwachsene zu bewähren, wenn das Gottesreich hereinbräche, war der Platz im Himmel schon sicher, will man Jesus glauben. Auch die kindlichen Gemüter, die nicht ganz zu Ende geboren sind, sollten gerettet sein. Und körperlose Seelen.

Das Gesetz Gottes ist ohne Gottes Hilfe nicht zu erfüllen. Diese Hilfe sehen die Christen im Blutopfer, das Gott den Menschen durch Jesus hindurch bringe. Wenn das Gottesreich bevorsteht, bleibt keine Zeit mehr, sein Leben zu ändern. Wenn die Menschen keine Zukunft mehr haben, ein neues Leben zu führen, muß die geistige Umkehr, muß die Reue bereits für die Erlösung genügen. War Jesus auch der Lehrer jener, die nicht mit Kindern gesegnet und die deshalb Kinder geblieben sind? Aber durch seinen Tod ist das Gesetz ja nicht aufgehoben. Selbst wenn er am Kreuz gestorben ist für uns alle, an unserer Stelle und zu unseren Gunsten, leben wir in der Zeit zwischen seiner Auferstehung und seiner Wiederkehr in einer unerlösten Welt voller Krankheit, Tod, Ungerechtigkeit und Unfrieden. Das Wesen einer solchen Welt aber ist gerade in der Schrift niedergelegt, und der Schöpfer hat einigen seiner Geschöpfe über 600 gute Tipps hinterlassen, um das Leben in seiner Schöpfung zu bestehen durch das praktikable Wissen um die Naturgesetze darin. Selbst wenn durch Jesu Opfertod alle Seelen erlöst sein sollten, sind ja die realen Weltprobleme weiterhin ungelöst. Die Zeit zwischen Christi Auferstehung und seiner Rückkehr am Ende der Zeiten ist eine Zeit, in der die Lämmer bei den Löwen nicht liegen können, ohne sofort zerrissen zu werden. Wer gerettet ist durch den Glauben, durch Jesu Blutopfer gerettet zu sein, lebt weiter in einer Welt, in der er todkrank werden kann, wenn er vor dem Essen sich nicht die Hände wäscht oder Tiere ißt, die selber Tiere fressen, tote oder lebendige. Schopenhauer lehrte wie Jesus, daß es sich nicht lohne, über die eigene Lebenszeit hinaus zu zeugen, aber der neobuddhistische Rentier Schopenhauer lebte nicht gerade wie eine Lilie auf dem Felde, sondern sorgte für seine eigene Zukunft auf peinlichste Weise. Er berief sich auf wahres Christentum, aber dieses wahre Christentum wird sich nicht auf ihn berufen können. Glaubt man den Christen, hat einer, der dem guten Rat folgt, wie Jesus und an Christus zu glauben, schon den ebenso guten Rat in den Wind geschlagen, z.B. keine Tiere zu essen, die ihrerseits nicht nur Pflanzen fressen.

Gesucht wurde ein guter Beweis der Einheit des göttlichen Gesetzes mit den wissenschaftlich erkannten
Naturgesetzen. Es begann mit der griechischen Herausforderung, aber die frommen Weisen suchten nie
eine systematische Philosophie nach altgriechischem
Muster. Die biblische Theorie der ganzen Heilsgeschichte wurde keine Ontologie oder Metaphysik oder
auch nur Theologie, und kein Kirchenlehramt zensierte
den freien Kampf der Lehren.

Nach Freud haben Christen gestanden, daß sie 'todes-
würdige' Attentate auf Gottvater und das „Gesetz der
Väter" verübten. Verzichtet Gottvater aber auf die fäl-
lige Todesstrafe für die Vatermordwünsche seiner
Menschen-kinder? „Ich will die Erde nicht noch einmal
bestrafen und alles Leben auf ihr ausrotten, nur weil
die Menschen so schlecht sind. Ihr Denken und Tun ist
nun einmal böse von Jugend auf.". „Gott ist tot", weil
seine Söhne ihn ermordet haben und weil er in ihren
Schuldängsten übermenschengroß wieder aufersteht?
An und wie Christus glauben heißt glauben, daß dem
Sohn der Vatermordwunsch vergeben ist, wenn er
glaubt, *daß* ihm vergeben ist, und wenn er aufhört,
Gottvater töten und werden zu wollen.

### Religion und Politik
*Nichts glauben, nichts wissen, nichts tun*

„Von den Tagen Johannes des Täufers an bis jetzt wird das Himmelreich vergewaltigt, und Gewalttätige suchen es an sich zu reißen." *(Matthäus 11,12)*

Mit ihrem Monopol auf Gott ist Religion auf Sinn und Unsinn menschlichen Leidens spezialisiert. Darin liegt eine ihrer letzten Existenzberechtigungen. Sie lebt davon, daß der Tod nicht abgeschafft, daß bis heute die Last des Lebens nicht in Lust aufzulösen ist und daß es keinen anderen Grund dafür gibt, als daß das vorerst nicht zu ändern ist. Einst galt das Leid als unausweichlich, weil mit der gefallenen menschlichen Natur gekoppelt. An seiner Unabänderlichkeit mag sich nichts geändert haben, aber seit diese nicht länger naturbedingt, sondern soziogen ist, wurde zusammen mit dem Leiden auch seine eventuelle Unaufhebbarkeit sinnlos. Schmerzen dienen eher psychischer Heilung als dem Seelenheil. Tod, Krankheit, Einsamkeit, Schuld – die Kontingenz ihrer Notwendigkeit ist die Notwendigkeit ihrer Kontingenz; ihre Unabwendbarkeit ist nicht weniger zufällig, als diese Zufälligkeit unabwendbar ist. Diese vier apokalyptischen Reiter werden stets bemüht, wenn es gilt, den Einbruch des Unplanbaren in all unsere schönen Pläne zu demonstrieren, selten ganz ohne alle nekrophile Häme, als sei man im Bunde mit dem Tod gegen die schadenfroh registrierten zivilisatorischen Unzulänglichkeiten. Aber man vergesse nicht, es sind eingeplante Unplanbarkeiten, ihre Form und ihr Sinn ändern sich mit dem Charakter der Heilspläne, die sie durchkreuzen. Sie sind das Absolute, aber ihre Absolutheit ist Funktion nicht erst ihrer religiösen, sondern bereits ihrer sozialen Relativität. Vielleicht ist die paralysierende Schrecklichkeit des

Todes eine Funktion nicht der Erfüllung, sondern der Schrecklichkeit des Lebens, das er abwürgt. Das Christentum empfiehlt, vom Leben nichts zu erwarten, um nicht vom Tode vergeblich erwarten zu müssen, er möge halten, was das Leben nur verspricht.

Entrüstung jedenfalls über Furcht und Flucht vor der Todesangst ist allemal heuchlerisch und will mit Gott erpressen. Solange die Menschen so leben müssen, wie sie leben, haben sie allen Grund, den Tod verdrängt zu halten. Das ist immerhin aufrichtiger, als sich in die Arme eines Gottes zu werfen, der sich nur als Jenseits irdischer Mühsal schmackhaft machen kann und diese Mühsal eben dadurch verewigt. Nullum festum nisi post festum.

Daß jeder zu früh stirbt, spricht weniger gegen den Tod als gegen ein Leben, das er beim Warten auf sich selbst zu überfallen pflegt. Man lasse uns „richtig" leben und sehe zu, ob wir dann noch mit der Todesangst religiös zu nötigen sind. Die Christen sollten aufhören, ein Leben zu favorisieren, das seinem Ende bereits soweit ähnelt, daß von ihm der Beginn des wahren Lebens erhofft werden muß und eben deshalb nicht erhofft werden kann. Der Christ sollte es – bei seiner Ehre – darauf ankommen lassen, daß die Sehnsucht nach dem ewigen Leben das „richtige Leben" vielleicht nicht überlebt. Im Übrigen muß man gar nicht abwarten, ob der Glaube den Tod des Todes überdauern wird. Es genügt zu prüfen, ob der Tod und die Verdrängung der Angst vor ihm das richtige Leben überlebt. Solange das Leben darin besteht, die Lebensmittel zum Endzweck zu erhöhen, unterbricht der Tod kein Fest. Die christliche Ewigkeit ist nur das Spiegelbild jenes Unsterblichkeitswahns, der aus der Todesverdrängung resultiert. Wir haben das Gefühl, noch eher sterben zu müssen als vorgesehen. Was am Tode gefürchtet wird, ist die ständige Möglichkeit, noch vor dem Leben zu sterben. Fast undenkbar, für dieses Leben auch noch mit so etwas wie dem Tod bestraft werden zu können. Ist das Leben der allermeisten nicht mit sich selbst erschöpfend abgebüßt? Wir klammern uns weniger an unser Leben als an unsere Lebenserwartung. Angesichts des Todes – *nicht* zu leben, ist das Schreckliche. Ihm ins Auge zu sehen hieße zuzugeben, was jeder von uns, um nicht zu verzweifeln, verzweifelt vor sich selbst und jedem anderen verbirgt : daß er das Leben nicht führt, das er sich bestimmt weiß.

Wir verdrängen den Tod doch nur in dem Maße, in dem wir uns zwingen, unser Leben wo nicht für gut und schön, so doch für das einzig mögliche zu halten. Was verdrängen wir also mit dem Tod anderes als den Wunsch Rimbauds, das Leben zu ändern. Daß sich bis heute nur der leisten kann, den Tod in das Bewußtsein aufzunehmen, wer an ein besseres Leben danach glaubt, spricht weniger für den Glauben als gegen die Chancen eines Lebens *vor* dem Tode, das diesen Namen auch verdient. Wir leben, nicht als lebten wir ewig, sondern als hätten wir ewig Zeit, auf das Leben zu warten. *Wir leben nicht ewig, aber wir leben ewig nicht.* Wie leben wir denn, daß man von uns sagen kann, wir hielten uns doch wohl für unsterblich? Offenbar doch so, daß der Tod unserem Leben kaum mehr anderes antun kann, als seine Leblosigkeit zu besiegeln. Wir stellen uns tot zu Lebzeiten, und werden schließlich Opfer jener Verstellungskunst, die uns das Überleben sichern sollte. Würden wir realisieren, welches Leben uns vorenthalten wird und worum wir betrogen werden, wir verzweifelten an der Unmöglichkeit, es ohne Todesangst den Herrschenden abzutrotzen, die alle Kraft und Herrlichkeit verwalten. Wer gegen die Mächte so wenig sich herausnimmt vom großen Mutterkuchen, hofft mit der Strafe der Sterblichkeit nicht rechnen zu müssen.

Wer resignierend darauf verzichtet, sich an den Gewalten zu vergreifen, die die Zuteilungen an Mutter Natur rationieren und diese Rationierungen rationalisieren, der darf hoffen, ungeschoren davonzukommen. Wir finden uns ja ab damit, kastriert zu sein – aus Kastrationsangst. Aber da wir unsere Kastration vorwegnehmen, um nicht kastriert zu werden, geben wir offenbar nur vor, kastriert zu sein. Jede Revolte gegen die sozialen Gewalten, gegen die Quelle aller Repressionen und Versagungen, reaktiviert sofort die Schuld- und Todesangst vor der Rückkehr der verdrängten patrizidal-inzestuösen Ödipalphantasien. Der Tod wird umso verdrängungswürdiger erfahren, je weniger er als Strafe für ein gutes Leben, als *der Sünde Sold*, erlebbar ist. Kastriert zu werden, obwohl wir doch auf die Mutter verzichtet haben, ist absurd. Was den Tod doppelt sinnlos macht, ist die Gewißheit, daß er auf dem Verzicht nicht weniger steht als auf dem Leben selbst. Warum also entsagen, wenn die Todesstrafe auf jeden Fall sicher ist? Indes, wer auf diesen Gedanken verfällt, wird nun doppelt unglücklich, denn, ob ich verzichte oder nicht, Mutter Natur ist in jedem Falle vergeben an Gottvater und seine Stellvertreter hienieden. Doppelt leer geht aus, wer, solange es vergönnt ist, genießen will, weil Entsagung ja doch nicht mit Verschonung vom Tod honoriert wird. Umsonst erhoffen wir die Unsterblichkeit vom Verzicht auf die als phallisch erlebte Utopie, die ja von der Erinnerung an die Liebe der Mutter zehrt. Aber ebenso vergeblich erhoffen wir den Himmel auf Erden vom umgekehrten Verzicht auf Unsterblichkeit. Wer den Tod nicht verdrängt, findet sich nicht mit dem Leben belohnt, ganz im Gegenteil. Wen wundert es da, daß wir dem Tod nicht ins Auge sehen? Solange ich mein Leben verdrängen muß, muß ich meinen Tod verdrängen. Ich lebe, als lebte ich ewig – weil ich nicht lebe. Unvorstellbar, sterben zu müssen, obwohl wir dem tödlichen Bedürfnis nach dem guten Leben gar nicht nachgeben.

Nichts verrät die latente Unzufriedenheit der Menschen mit ihrer Lage deutlicher als ihre vermeintliche „Todesverdrängung". Wenn wir die verbotenen Früchte nicht durchaus kennen würden, deren Genuß wir uns zu versagen zwingen müssen, wie könnten wir dann glauben, die Todesstrafe stünde nicht auf uns? Wenn ich schon nicht lebe, will ich wenigstens nicht sterben müssen, und wenn ich schon sterben muß, will ich wenigstens richtig leben. Wir schmeicheln uns mit der Illusion, hier unsere Bedingungen stellen und zwischen Alternativen wählen zu dürfen. Aber ist es nicht eher so, daß wir sterben, obwohl und weil wir nicht leben, und daß wir nicht leben, obwohl wir sterben? – Wir müssen sterben und dürfen trotzdem nicht leben, und wir leben nicht und sterben dennoch – oder gerade deshalb? Weder läßt die Lebensquantität sich durch Verzicht auf Qualität noch die Lebensqualität durch Preisgabe seiner Quantität erkaufen. Es wäre gut, wenn diese Einsicht uns verzweifelt genug machen könnte, das Leben ändern zu wollen, um unseren Tod zu ändern.

Die Welt mit ihrem Monopol auf sich selbst tritt heute auf als ihr eigener *ontologischer Gottesbeweis* : Es sei vollbracht, und das Realisierbare sei das Träumbare. Niemand muß im Supermarkt zur Konkurrenz abwandern, die es ohnehin nicht gibt. Gehen die Sehnsüchte auf mehr und anderes als das, was da ist, werden sie so uminterpretiert, werden die Worte solange in den Münden herumgedreht, bis jeder selbst glaubt, er habe etwas ganz anderes gewollt als etwas ganz anderes, z. B. den *Ganz-Anderen* im Himmel der eigenen Brust, ein Himmel, der auch im Sortiment geführt wird. Am Ende, um nicht zu verzweifeln, zwingt sich noch jeder, nichts anderes gemeint zu haben als das Vorrätige und erkennt sich ratlos im Warenangebot wieder. – Religion, ins Belieben des überfordert Einzelnen abgeschoben, wird zu seiner Privatsache gemacht, also entschärft, also unfähig, das Ganze, das sich wenigstens im Wesentlichen für gelungen ausgibt, irgendwo mehr zu transzendieren. Auch Gott sieht, daß es gut ist. Aber escape in religiöse Innerlichkeit unterm Außendruck ist selbst das Äußerlichste und verfällt wehrlos an all das, „was der Fall ist". Wie kann denn auch jener Gottvater, dem seine Herkunft vom leiblichen Vater vorgerechnet ist, die Erdenkinder aus sich hervorgehen lassen? Seit alle Substanz Subjekt ward, wurde das Subjekt die einzige Substanz, also weltlos. Die christliche Absage an die Welt ist leider auch Absage an die Welt, die anders wäre. Alles ist Scheiße, aber nicht jeder Nihilismus ist Christentum, und wer die Welt anders will, will gerade nicht etwas anderes als diese Welt. Wo Religion nicht nur das subjektive Verhalten, sondern auch die objektiven Verhältnisse bessern helfen will, denen das Subjekt sich restlos verdankt, da wird ihr das Transsubjektive, auf dem sie besteht, zu Unrecht als Verdinglichung angeschwärzt. Sie mag Selbstentfremdung des Menschen sein, aber nicht, weil sie von und mit dem handelt, was über die Kompetenz des Subjekts hinausreicht. Gegenüber der schlechtesten aller Welten ist die *Hinterwelt*, nähme man sonst Zuflucht zu ihr, noch immer die bessere. Zu verklagen ist nicht das Wohin der Flucht und daß überhaupt geflüchtet wird, wo zu flüchten ist, sondern ihr Wovor. Religion gemahnt doch peinlich daran, daß das Gute noch immer das Jenseitige ist und daß zum Bösen deklariert wird, was über das Diesseits hinauswill. Nicht der verteufelt doch die Welt, der ausspricht, daß sie des Teufels ist und zum Teufel geht. Der Glaube, nur der könne ihr radikal Böses und Falsches erkennen, wer sie von außen mit den Augen Gottes betrachte, will nur Gott aufbürden und anheimstellen, wenn er alles getan zu haben glaubt, was dann noch im Argen liegen mag. Je immanenter die Immanenz sich in sich verschanzt, indem sie sich zur Transzendenz ihrer

Transzendenz erklärt, desto furchtbarer der Tod, der Felsblock vor jedem Fluchtloch nach oben und vorn. Schreckt doch das Sterben heute nicht, weil es hienieden gar zu schön wäre, um sich hinwegstehlen zu müssen. Über den Bannkreis vollendeter innerweltlicher Immanenz reicht nicht hinaus, was sich von der Religion dem Existenziellen verschrieb.

Der *Glaube* glaubt paranoisch an Wunder von oben, à la Däniken an die Wiederkehr einer kosmischen Invasion von außen, von einer Katastrophe kaum zu trennen.

Die *Hoffnung* hofft, daß es im Wesentlichen so bleibt, wie es ist und immer war, nur ein bißchen besser. Sie hofft auf Extrapolation der Vergangenheit in die Zukunft, also auf archaische Regression zu frühkindlichen Idealzuständen. Wahr daran ist nur die Furcht vor dem Risiko, ein sicheres Übel gegen ein noch größeres einzutauschen.

Die *Liebe* liebt trotz allem, liebt alles so, wie es ist und immer war, mit allen Fehlern und Schwächen, zwingt sich zu lieben, um postaggressiven Schuldgefühlen vorzubeugen, um nicht verzweifeln oder handeln zu müssen. Liebe ist zur Ersatzbefriedigung für Wut geworden, zum Spitznamen für verdrängten Haß, der auf den Hassenden zurückzuschlagen droht. Die Liebe zu Gottvater und seinen Geschöpfen weicht dem Patrizid aus und sucht ihn rückgängig zu machen. In der Liebe gibt jeder nur vor, göttergleich sein zu wollen und zu können für den Nächsten, in dem er doch in Wahrheit nur und immer noch den längst getöteten Gott sucht, dessen Autorität ihn rechtfertigen und von sich selbst befreien und narzißtisch aufwerten soll. Weil jeder für jeden jenen idealisierten Elternteil und Übermenschen spielen soll, den er doch selbst nur im anderen sucht, ist die Liebe nach Sartre Betrug, bleibt jeder mit sich allein, ungeliebt weil liebesunfähig, einem Tod geweiht, aus dem kein Funke sich schlagen läßt.

„Das Leben ist wie das KZ." (Theodor W. Adorno)

Der Christ will die Welt nicht ganz anders, also liebt, glaubt und erhofft er den Ganz-Anderen, der, um ganz anders zu sein, etwas ganz anderes sein muß, als daß es ganz anders würde. Er hofft, auch und gerade in einer freien Welt sei noch auf Gott zu hoffen, er glaubt, mit dem Marxschen „Reich der Freiheit" sei Christus noch nicht wiedergekehrt, er liebt schon jetzt jeden Nächstbesten, weil beide von einem Gott geliebt werden, der sie allerdings ganz anders will, als sie sind. Wenn Glaube, Liebe und Hoffnung auch in einer Welt sozialistischer Gerechtigkeit weder sinnlos noch entbehrlich sein sollen, wird die Theologie nicht umhin können zu sagen, was ihre Kardinaltugenden von dem unterscheidet, wozu sie heute heruntergekommen sind. Was sie heute sind, läßt sich von jenem Existenzialismus erfahren, dem die Theologie sich allzu gern verschrieb. Und wer das Heil bei Kierkegaard und seiner Darstellungsform des Unheils sucht, muß sich von Sartre sagen lassen, was er tut. Wer den Sinn des Ganzen dem Subjekt aufbürdet, sucht den Sinn des Lebens im puren Leben selbst, seiner schieren Reproduktion unter den gegebenen Produktionsbedingungen. Wo alles von mir abhängen soll, hänge ich von allem ab und mache das aus mir, was man aus mir gemacht hat.

Nur der Ohnmächtige hat Allmachtsphantasien, und der Omnipotenzphantast ist der Ohnmächtigste. Nach Sartre ist das Ich bereits so schwach, daß es sich für die ganze Welt verantwortlich fühlen soll. Kann ich schon nichts ausrichten, dann ist diese narzißtische Kränkung kompensiert, indem ich so tue, als hätte ich es eben nicht anders gewollt, als wie es kam, und ist es nicht so, wie ich wohl will, umso schlimmer: geschieht mir ganz recht, hätte ich die Welt doch anders gemacht.

Wir finden uns nicht wieder in der von uns geschaffenen Welt. Verdingt an die von uns produzierten Dinge, sind wir gleichwohl keine Herren über unsere soziale Naturbeherrschung. Das Subjekt findet sich als Objekt seiner Objekte; da entsteht schon mal die Versuchung, das Heil vom Rückzug auf die reine Innerlichkeit eines isolierten Rumpfsubjekts zu suchen. Die existentielle Eigentlichkeit, dieses Privateigentum an eigenster weltloser Privatsphäre, soll dann weltüberspringend zu Gott unmittelbar sein wie schon die Jungschen Archetypen, unmittelbar zu Gott aber, indem sich diese punktuelle armselige Jemeinigkeit gerade im entscheidenden Augenblick vor Gott durchstreicht, schlecht christlich opfert. Ich gebe die Welt um Gottes Willen preis in der Hoffnung, daß mein Verzicht mir tausendfach vergolten wird. Aber in dem Maße, indem ich nur eine Welt opfere, die im Gegenteil mich opfert, tausche ich für die Welt nicht Gott ein, sondern die Rückkehr der aufgegebenen Welt in ihrer krudesten Gestalt. Die Welt, die ich fahren zu lassen glaube, erschlägt mich hinterrücks. Das Subjekt verdinglicht umso mehr, je mehr es sich von den Dingen zu säubern sucht. Was übrigbleibt, wenn ich mich aller Objekte entledige, ist nicht meine reine Subjektivität. Vielmehr werde ich selbst zu eben dem Objekt, das ich nicht mehr habe, mir selber fremd. Ich gebe die Objektbesetzungen auf, um jenen autistischen und auch narzißtisch monadologischen Freiraum zu gewinnen, der von den kränkend unmanipulierbaren Dingen vermeintlich nicht mehr tangiert wird, und wenn Wahrheit als Angleichung des Subjekts ans Objekt Selbstaufgabe meint, Regression im Dienste des Ich, dann verzichtet das Subjekt aus Angst, von den Objekten erdrückt zu werden, sogar darauf, objektiv sein zu wollen. Die Wahrheit wird zu meiner Subjektivität – also zunichte. Genauer : das Sein gleicht sich, unter Umgehung des Bewusstseins, jenes Bewußtsein an, das davon abläßt, das aus dem Sein herauszuholen, was es nicht mehr hineinzulegen wagt und vermag. Was das Ich, um kein Unter-Ich zu sein, braucht, ist ein Nicht-Ich, das kein Über-Ich wäre.

Religion steht uns dafür, daß alles wie nichts ist ohne das Subjekt, das nicht alles ist. Und das nicht deshalb, weil es sterben muß. Religion überstand den Verfall der Kirche nicht weniger, als die Kirche das Ende religiöser Bedürfnisse überdauerte. Beide überleben einander und den totgesagten Gott, aber überleben sie trotz aller Aufklärung, oder im Gefolge der zweiten Aufklärung, die sich nach Adorno anschickt, die erste aufzuheben? Wird Gott auch eine Aufklärung überleben, die diesen Namen verdienen wird : Himmel auf Erden mit oder ohne Gott? Was ist eine absolute Zukunft Gottes, die noch allen innerweltlichen Utopien voraus wäre? Ist die gefallene menschliche Natur reparierbar, weil soziogener Natur, oder auch der befreite Mensch noch gebrechlich genug, um auf Gnade angewiesen zu bleiben? Macht ihre Perfektionierung die Erde erst recht zum Jammertal der Tränen, unendlich überholt und überholungsbedürftig? Muß Gott den freien Menschen überleben, wenn er mehr sein soll als der schöne Widerschein einer häßlichen Schöpfung, als jener Himmel über dieser Hölle? Ist Gott das Gute nur, solange die Welt schlecht ist, oder macht Gott auch bessere Welten wieder schlecht?

Groß ist die Versuchung, das Christentum gegen seine aufgeklärten Verächter in Schutz zu nehmen, weil das fortwährende religiöse escape immerhin beweist, wie wenig man sich hier zuhause fühlt im ewigen Krieg. Religion überlebt ebenso zäh, wie sie längst hätte überflüssig sein müssen. Wer die Welt daran mißt, ob sich noch jemand von einem Vater im Himmel vor ihr schützen läßt, kann sie nicht für wohnlich halten. Aber glauben wir an Gott, solange die Welt schlecht ist, oder ist die Welt schlecht, solange wir an so etwas wie Gott glauben? Sollte es eines Tages keine Gläubigen mehr geben, würde das entweder bedeuten, daß der Glaube nur unterdrückt und verdrängt oder daß er in einer schönen neuen Welt unbegründet wäre, würde also gar nichts beweisen. Und umgekehrt, daß es Gläubige weiterhin gibt, beweist beides, daß die Welt noch immer nicht gut genug ist, als daß kein Grund bestände, aus ihr zu emigrieren, und gleichzeitig, daß Gott eben auch die beste aller Welten überlebt, beweist also eben so wenig. Beweist also weder Glaube noch Unglaube etwas in Bezug auf die Qualität der Welt? Vorerst, hintertriebe sie nicht ewig, daß das Wirkliche so vernünftig wie die Vernunft wirklich würde, spricht für die Religion, daß das Wort noch immer nicht Fleisch ist. Daß die Erde ihr eigener Himmel sein könnte, ist eben so wenig ausgemacht, wie daß das Heil jenseits aller Operationen liegt.

Am Anfang war das Leiden. Gelitten wird weniger an der unvergänglichen Vergänglichkeit des Irdischen, so wie es ist, als an seiner Ewigkeit. Becketts Klage, daß es nicht enden wolle, verklagt die satanische Unsterblichkeit trotz aller Tode, daß jedermann von keinem Fest abberufen wird und daß es aufhört, bevor es recht angefangen hat. Wir haben den Himmel auf Erden, wenn der Himmel das Ewige ist, der große Plan hinter dem Chaos, das Naturgesetz über den Wechselfällen, die Vorsehung als prognostizierbare Zukunft. Die wahre Idee Gottes meint Befreiung vom Unendlichen, von dieser Endlosigkeit des Immer-gleichen menschlicher Vorgeschichte und „geistigen Tierreichs" (Hegel).

Wenn es stimmt, daß wir uns zur Karikatur Gottes aufgeworfen haben, dann wäre Gott schon dadurch Gott, daß er der jeweils benachteiligste Mensch der Welt ist, das erdrückte Sein unter dem Unwesen, das Vereinzelte unter dem hundsgemein Allgemeingültigen und Gleichgültigen, die Ausnahme vom geistigen Reglement, die spontane Naturregung jedes „Nichtidentischen" vor dem Identifikationswillen des begrifflichen Zugriffs, das subjektive Objekt unter dem Fuß des objektiven Subjekts.

Wenn das Reale haltbarer ist als seine Idee über ihm, wäre die Idee der Endlichkeit, daß es endlich zu Ende geht, die einzige unendliche. – Gott ist unhaltbar als Chiffre des Halts. Tragfähig ist einzig das Unerträgliche. Der Selbsterhaltungstrieb, selbstloser als Christen jemals sich erträumten, hält sich an die vorenthaltsamen Verhältnisse. Die Vergänglichkeit des Haltbaren, der haltlose Zustand der Welt, wäre die Utopie: sich an nichts halten zu müssen, nicht einmal an *das* Halt!, nicht einmal an Heideggers „Nichts". Einst war Christus das einzige Scharnier zwischen sinnlosem Sein und seinslosem Sinn, heute tut es jene nachweisliche Herkunft des Sinns aus dem Sein, die den Sinn vernichtet. Wenn heute der Himmel auf die Erde niedersteigt, dann nicht in Christus, sondern im Nachweis, daß der Himmel aus irdischer Notdurft aufstieg, also nie darüber hinauskam. Aus dem Bewußtsein des Seins springt kein anderes Sein heraus als das Sein des Bewußtseins selbst, hinter Kant ist nicht zurückzufallen. Aber aus nichts kommt nichts, und muß nicht dort, wo ein Bewußtsein ist, ein Sein noch sein, dessen Bewußtsein es ist? Ist aber die Produktion des Seins aus dem Bewußtsein ein Produkt des Seins, oder produziert das Bewußtsein, wenn es schon nicht das Sein produziert, *daß* das Sein das Bewußtsein von ihm produziert?

Die Christen wissen nicht, was sie tun, wenn sie glauben, ich käme zu mir selbst, wenn ich nur Gott auf mich zukommen ließe, und ginge über mich hinaus, sofern ich nur tief genug in mich ginge. Wenn ich gerade dort nicht ganz bei mir sondern bei Gott bin, wo ich nicht außer mir an die Welt gerate; wenn ich mich gerade dadurch nicht verlasse, daß ich mich überschreite; wenn also die Transzendenz die wahre Immanenz des Immanenten ist, dann ist Gott doch gerade zugestanden als eine urmenschliche Selbstentäußerung und bloße Projektion. Die menschliche Immanenz besteht heute nicht mehr darin, daß alles mich ja transzendiert und zu einem Stück Natur unter anderem macht, sondern darin, daß ich alle Transzendenz transzendieren kann – außer mein eigenes Transzendieren. Wir bringen tendenziell alles unter unsere Kontrolle, auch uns selbst, also die ganze Natur, deren Bestandteil wir sind, aber wir beherrschen nicht diese unsere zweite Natur der Naturbeherrschung. Alles läßt sich aus dem Subjekt herleiten, sogar das Subjekt selbst. Nur : *daß* alles aufs Subjekt zurückführbar ist, das ist nicht aufs Subjekt zurückzuführen. Wir setzen die ganze Welt, aber nicht, *daß* wir sie setzen. In die Lage, alles in die Welt zu setzen, finden wir uns versetzt, diesem Gesetz unterstellt, das All setzen zu können und zu müssen. In die Welt gesetzt als jener Teil dieser Welt, der sie setzt, entwerfen wir alles, auch und vor allem uns selbst, aber wir entwerfen nicht, *daß* wir alles entwerfen samt dem eigenen Sein.

Ob das „Reich Gottes" (RG) auch noch das „Reich der Freiheit" (RF) transzendiert, wird erst entscheidbar sein, wenn RF nicht länger das „Reich der Notwendigkeit" (RN) transzendiert, sondern ersetzt hat. RG ist das Jenseits der Welt, aber auch und vielleicht gerade erst das Jenseits jeder besseren?

RF überschreitet RN, und wenn es von dieser Welt ist, bildet RG nicht nur die Transzendenz von RN, sondern übersteigt mit RF auch und gerade die Transzendenz von RN. Dann wäre RG die Transzendenz jener Transzendenz, solange sie transzendent ist. Wird aber RG noch das Jenseits sein, wenn RF das Diesseits wäre? Hört das RG auf, Jenseits zu sein, sobald es nicht mehr Jenseits von RN ist? RF kommt, wenn überhaupt, von unten herauf, RG von oben herab. Bohren beide von entgegengesetzten Seiten am gleichen Tunnel, wie Walter Benjamin spekulierte? Beide divergieren auf dem gemeinsamen Boden der Bodenlosigkeit und Vergänglichkeit des Irdischen. Beide halten die Welt für nicht ewig, sondern für ewig vergänglich. Und was ist eine Innerweltlichkeit, die ihre eigensten Transzendenzpotentiale noch nicht zur vollen Immanenz entwickelt hat? Der Fortschritt im Bewußtsein der Freiheit, also die Geschichte, ist ein Selbstrechtfertigungsversuch der Welt. Bräche das Jüngste Gericht hier und jetzt über die fortgeschriebene menschliche Vorgeschichte herein, wäre das wie die Verurteilung eines Angeklagten, dem keine Zeit und Chance gegeben ist, seine Verteidigung aufzubauen. – Christus versprach seinen Zeitgenossen, einige würden den Anbruch der Gottesherrschaft noch erleben. Die Kirche als institutionelle Parusieverzögerung ist der Advokat der U-Haft der Menschheit. Die Welt hier und heute an der göttlichen Gerechtigkeit zu messen, hieße, sie im Stande fortwährender Unzurechnungsfähigkeit anzutreffen. Christus ist Vormund der Menschheit, und wenn die Weltgeschichte das Weltgericht ist, dann heißt das heute, über die Erde den § 51b StGB zu verhängen. Von daher wäre die Existenz der Kirche der sichtbare Beweis, daß das Schlußwort nicht gesprochen, nicht alle Plädoyers gehalten, daß noch das Urteil Gottes über die Schöpfung zur Bewährung ausgesetzt ist.

Dann wäre das RF nicht selbst das RG, jedoch seine Voraussetzung, seine conditio sine qua non, die Aufhebung des RN die notwendige, aber die nicht hinreichende transzendentale Bedingung seiner transzendenten Möglichkeit. Warum also vertagt sich das Jüngste Gericht? Wartet Gott, um uns zur Verantwortung ziehen zu können, auf unsere geschichtliche Volljährigkeit? Leider wissen wir nicht, wann sein unerforschlicher Ratschluß uns für justitiabel erklären wird. Bis dahin sind wir weder frei genug, gut noch böse zu sein. Erst wenn es nicht mehr unterm Zwang einer ersten oder zweiten Natur verübt wird, ist Gut und Böse anrechenbar gut und böse. Besteht Gottes Güte nicht zuletzt darin, uns keine Freiheit zum Wahren und zum Falschen zu unterstellen, um uns aburteilen zu können? Wartet er darauf, daß wir uns aus unserer Sozialbestimmtheit gelöst haben, um mit Fug und Recht zu strafen?

Besteht die List der Übervernunft darin, daß wir wähnen, zur Freiheit von allem und zu allem aufzurücken, während Gott uns in Wirklichkeit nur freigibt, um sein Urteil schließlich nicht fällen zu müssen über Minderjährige, Geistesschwache und Triebverbrecher? Besteht die Gnade in dem Ausweg, Kinder bleiben und im Schutz der Unzurechnungsfähigkeit erbsündigen zu dürfen? Was verlangt man von uns? Daß wir unser Herz nicht an Mutter Erde hängen, um des Vaters im Himmel willen. Sind die religiösen Gebote nicht Inzestverbote? Wir sollen den himmlischen Vater lieben, und was heißt das anderes als sein Verbot, Mutter Natur mehr zu lieben als ihn? Aber sind wir nicht ausdrücklich aufgerufen, uns seine Erde untertan zu machen − oder unter Wanderschuhe zu tun?

Dem Studentenführer Dutschke war der Garten Eden nur mythisches Bild für das approximative Endziel permanenter politischer Revolution. Der Cherub mit dem Flammenschwert vor dem Eden der Kindheit ist nicht mehr der Vater. Der familiäre Stellvertreter der Gesellschaft erzwang einst jene partielle Identifikation mit ihm, die es allererst ermöglichte, sich an Autorität abzuarbeiten und ein Ich einzuüben, das gesellschaftlichen

Zwängen später nicht resistenzlos anheimfallen mußte. Heute dirigiert die vaterlose Gesellschaft entweder das Individuum direkt, ohne die Pufferzone des väterlichen Sparringgegners, in nackte Anpassung, oder die Schwellenangst vor dem sozialen Rollenangebot treibt das fröstelnde Ich mit seiner schwachen Frustrationstoleranz in die depressive Sehnsucht zurück nach oralen Befriedigungen im politischen Gruppenuterus, eine Sehnsucht, die sich gern rationalisiert als Klassenkampf nach vorn ums klassenlos „befriedete Dasein" ohne irrational gewordenen Existenzkampf. Kritik am Leistungsfetisch hält nur dort der Kritik stand, wo Marcuses *Große Verweigerung* von Dienstleistung (für legitimationsschwache soziale Normen und fragwürdigste Prämien) im Dienste eines Ich regrediert, von dem Adorno sich wünschte, es möge nicht so ganz erwachsen werden, ohne doch infantil zu bleiben. Viele Revoltierende der Sechzigerjahre bis heute als Kinder liberalpermissiver Eltern hatten kein halbstarkes Ich zwischen der Scylla des überangepaßten genitalen Charakters und der Charybdis prä-ödipaler Fixierungen. Und dort, wo der Ekel vor dem Bestehenden sich über religiöse Erlösungsphantasien politisierte, ist unübersehbar, wie oft sich gegen die versierten Genitalmasken der ellbogenfreiflexiblen Väter oral-depressiv gestimmte Adoleszenten formierten, ohne deren Zulauf die unerwartete Breitenwirkung der Rebellion weniger erklärlich wäre und die die Motivationsstruktur aller Revoltierenden dem pauschal klinifizierenden Verdacht auslieferten, hier trügen jungbewegte Stürmer und Verdränger ihren Generationskonflikt mit ihren bösen Eltern aus in fernwehem Rückgriff auf exotische Dritte Welten – seit 1968.

Die an den politischen Aktionen nicht ohne religiöse Rettungsträume teilnehmen konnten, leisteten nur denen Vorschub, die ohnehin allzu gern den Sozialismus als schwarmgeistige profane Heilsvision und Wiedertäufertum abtun wollten. Wo die Studentenbewegung religiös motivierte Sympathisanten fand, war die Sehnsucht nach dem verlorenen Paradiesseits durch den Vatermord hindurch zu häufig nur eine Regression. Der Himmel auf Erden jenseits des *Leistungsdrucks* ist den Verwöhnungsphantasien all derer beschert, die zurück zu Mutter Natur wollen. *Hinterwelt* wird Unterwelt oder Nachwelt.

## Monotheismus als „ethischer Sozialismus"

Ist das Ende der kapitalistischen Gesellschaft eine Probe auf die Wahrheit der christlichen Theologie? Nicht etwa, weil nur ein gläubiger Sozialist ein guter Christ wäre, sondern weil allein der Sozialismus jene Versuchsbedingungen schafft, die allererst eine Entscheidung ermöglichen, ob so etwas wie Gott tatsächlich, wie die kritische Herausforderung will, mit den Lebensbedingungen seiner Gläubiger steht und fällt? Ist das Ende der Religion eine Probe auf die Wahrheit des Proletarismus? Solange noch *ein* Mensch auf das Reich Gottes setzt, ist Sozialismus nicht da oder eine erwiesene Utopie, oder der Glaube hat seine Soziogenität überlebt? Also nicht als Christ ein Sozialist sein, weil Gott nichts als praktische Mitmenschlichkeit wäre, sondern, auf die Gefahr hin, sie zu verifizieren, die kritische Theorie des Glaubens an einer klassenlosen Gesellschaft zu falsifizieren, ohne insgeheim sie zu hintertreiben aus Furcht, diese Theorie könnte als wahr sich erweisen : Diese paradoxe Situation ist dem aufrichtigen Christen nicht länger zu ersparen, aber unverdrängte Widersprüchlichkeit ist erst Index seiner Glaubwürdigkeit. Wenigstens die kompensatorische Religion (Lösung von Scheinproblemen oder Scheinlösung von Problemen, wie eine Werbung der psychopharmazeutischen Industrie lautet) wird dann und erst dann am Ende sein, wenn das, was ist, auch dann nicht alles sein wird, sobald es geändert ist.

In manifest sozialistischen Staaten wurden religiöse Relikte wie jedes Unbehagen, das sich nicht als konstruktive Kritik abfangen läßt, weiterer Aufklärungskampagnen empfohlen oder schlankweg eskamotiert. Aber religiöser Pessimismus ist heute nicht eo ipso nur reaktionär verstocktes Bewußtsein in einer grundsätzlich schon heilen Welt erlösender Lösungen, sondern immer auch der störende Index von uneingestanden Uneingelöstem: Gläubige erwarten, weil sie von Gesellschaft zu wenig erwarten, prinzipiell zu viel.

Es ist eine zeitgemäße Versuchung für den modernen Christen, an der befreiten Gesellschaft mitzuarbeiten, um insgeheim sich doch hämisch zu weiden an allem, was seinen innerweltlichen Pessimismus zu bestätigen scheint. Was kann der Christ von der freien Gesellschaft anderes hoffen als die Falsifizierung der sozialkritischen Theorie des Glaubens? Das Risiko, sie nolens volens zu verifizieren, ist ein Teil der Einsicht, daß nur die Verifizierung der freien Gesellschaft die kritische Theorie des Glaubens falsifizieren kann. Wer als 'Sozialist' scheitert, hat als Christ noch nicht rechtbehalten.

Auch in einer freien Gesellschaft wird vielleicht unentschieden bleiben, ob „religiöses Bedürfnis", falls es die sinnliche Fülle des menschlichen Lebens überlebt, noch weiter zu Lasten der Gesellschaft gehen soll, die eben diesen Namen halt noch immer nicht verdient, oder als tiefes, weil von keiner materiellen Not mehr ernötigtes Gefühl bleiben wird, daß auch gerade dann, wenn alles was ist sich ändern ließ, es noch immer nicht alles ist. Möglich, daß die rastlos umtreibende calvinistische Ungewißheit, ob ich gerettet sei, wiedererstehen wird als Unruhe, ob ich mich beruhigen dürfe beim je gegenwärtigen Stand des Prozesses zwischen dem Glauben und der Probe auf die Wahrheit der freien Gesellschaft.

Wie entgeht man der petitio principii? Soll sich die Gesellschaft frei nennen dürfen, sobald niemand mehr auf Gott setzt? Beweist ein einziger Gottesfürchtiger die Fortdauer der menschlichen Vorgeschichte, des geistigen Tierreichs? Das religiöse Bedürfnis kann nicht als überdauerndes beweisen, daß auch die wahrhaft freie Gesellschaft nicht alles ist, und gleichzeitig als untergegangenes die Gesellschaft als frei allererst ausweisen. Wenn der überlebende Glaube beweisen können soll, daß er mit seinen asozialen Bedingungen nicht abstirbt, dann kann humane Gesellschaft nicht erst dadurch definiert sein, daß vor ihr keiner mehr fromme Zuflucht suchen muß. Nur in einer befreiten Gesellschaft hat der proklamierte Tod Gottes Beweiskraft, und nur der Tod Gottes hat für die befreite Menschheit die Beweiskraft, daß die Menschen wirklich frei sind von der Nötigung zu religiösem escape.

„Die Kirchen fühlen sich schrecklich in der Defensive und suchen nun verschiedene Wege, da herauszukommen. Die einen, indem sie soweit zur Welt gehen, daß sie sich als Kirche aufgeben, die anderen, indem sie sich so weit von der Welt absetzen, daß sie bedeutungslos werden." So der Soziologe Ralf Dahrendorf in einem Schülerinterview. Demselben Dilemma sieht sich übrigens die Kunst gegenüber. Die affirmative Pop-Kirche verhält sich zur esoterischen Soteriologik wie die kulinarische Gebrauchskunst nach dem Massengeschmack zum intransigenten Hermetismus der avantgardistischen Formalismen.

Der Glaube an Gott als den *Ganz-Anderen* verdinglicht ihn, wie uns inzwischen die ureigene Vernunft zur Idolatrie entfremdet ist, ohne Vermittlung durch die Motivationen der Menschen, abgekoppelt von ihren Erfahrungen, Interessen und Bedürfnissen. Umgekhrt : Der Glaube an den Gottmenschensohn als den unseren macht

67

ihn kommensurabel. Er ist wie du und ich, die wir gerechtfertigt sind durch den Glauben, wir Schuldigen seien nun gerechtfertigt durch sein unschuldiges Opfer. Diese Vertraulichkeit verschachert ihn an das Bestehende. Nur Kritische Theologie der Aufklärung ist der gleichzeitig konsequente und paradoxe Versuch der Religion zu verweltlichen, ohne der Welt zu verfallen, so wie sie nun ist. Jemand sollte einmal die Geschichte jener Versuche des Christentums nachzeichnen, sich um des Überlebens willen aus steriler Erhabenheit und sklerotischer Würde in die Welt hineinzubegeben, durch die es entmachtet wurde. Todesfürchtig steht es dabei ständig in der Versuchung und Gefahr, sich überangepaßt der überwältigenden Eigenlogik dessen zu beugen, worauf es Einfluß nehmen möchte und womit es doch nur infiziert wird durch willfährige Identifikation mit dem Widersacher, als Mittel oder Selbstzweck.

Obwohl Hegel den religiösen Glauben bekanntlich nicht für die höchste Form des Bewußtseins und religiöse Zeitalter nicht für die geschichtliche Vollendung der menschlichen Gattung gehalten hat, forderte Hans Küng ein Zurück zu Hegel. Nach Hegel glaubt der Christ an erste und letzte Dinge, glaubt aber nur, und daß der Glaube an Gott Glaube sei, mache ihn zum vorletzten Ding. Solange das Reich Gottes nicht wirklich auf Erden bestehe, sei die Versöhnung der Welt mit ihrer göttlichen Idee selbst nur erst ihre eigene Idee. Zwar sei Christus schon dagewesen, aber ja noch nicht wiedergekehrt, wie versprochen zum Ende aller Zeiten. Der Glaube an ewige Wiederkunft des Unvergleichlichen ist 'inchoatio vitae aeternae', also nicht schon das ewige Leben selbst. Das gute Ende ist verheißen und zugesagt, wird erwartet, geliebt und erhofft, ist aber eben darum noch nicht gekommen. Daß Hegel der Religion vorrechnete, ein bloßer Formfehler zu sein, war kein bloßer Formfehler.

Als er den Glauben im Wissen aufhob, holte er die Civitas Dei auf das Niveau des preußischen Staates herunter. Aber dabei schüttete er das Kind mit dem Bad aus. Der Christ muß wenigstens nicht das Deutsche Reich mit dem Reich Gottes verwechseln, er glaubt und hofft ja gerade, der jeweilige Staat sei noch nicht der Gottesstaat, Vater Staat sei nicht Gottvater auf Erden. Glauben heißt nicht wissen, und Hegel weiß sich auf der Seite des Wissens und der modernen Selbstgewißheit des *Ego cogito*, aber er glaubte nur zu wissen, daß Berlin das Neue Jerusalem wäre. Mit der christlichen Form hat er den Gehalt aufgegeben. Der Christ glaubt, auf die bezeugte Zusage Christi hin, daß das Reich Gottes jederzeit anbrechen kann, und daß er bußfertig bereit zu sein hat. Genau besehen, wirft Hegel ihm weniger vor, daß er nur glaube, als daß es noch nicht da sei. Statt nun aber zu wissen, daß es *nicht* vollbracht sei, glaubt Hegel dagegen zu wissen, daß es immer schon mitten unter uns, daß es nur soweit vollkommen sei, als es schon da sei. Heute hat man zwischen Glauben und Wissen das Handeln entdeckt, die cooperatio Dei, Praxis als work to end all works. Aber über allem Agieren bleibt leicht vergessen, daß sowohl die vielbeschworene Einheit von Theorie und Praxis als auch die von Glaube und Werk bis auf weiteres wiederum nur erst eine Theorie ist – und Theologie.

Nach Hegel weiß der Christ nur, daß das Gottesreich einst gegründet wird, wie es einst angekündigt wurde, aber er wisse nicht, daß die *Parusie* so ewig sei wie das Göttliche, dessen Parusie der preußische Staat sei. Hegel zieht offenkundig den preußischen Spatz in der Hand der messianischen Taube auf dem Dach vor, indem er den Spatz zur Taube erklärt und die Taube zum Spatz. Das Neue Jerusalem mag vollkommen sein, aber es existiert nicht, also kann es doch nicht vollkommen sein. Preußen dagegen existierte sehr wohl.

Nach Adorno ist vielleicht jede Philosophie auf der Suche nach dem ontologischen Gottesbeweis, und dieser Beweis ist Kant zufolge ebenso unmöglich, wie es unmöglich ist, diese Suche einzustellen. Bewies man einst, daß Gott existiere, weil er sonst unvollkommen wäre, so soll sich heute eher beweisen, daß die Welt vollkommen sei, weil sie eben existiere. Seit der Scholastik wurde Gott als das einzige Wesen gedacht, dessen Essenz seine eigene Existenz impliziere kraft dieser Essenz. Davon blieb übrig, daß die großen Ideen des Friedens, der Freiheit, Gerechtigkeit, Gleichheit, Brüderlichkeit, Rechtfertigung, Glückseligkeit und Unsterblichkeit nicht über Bord geworfen, aber für verwirklicht ausgerufen werden. Einst war die Einheit von Sein und Wesen für Gott reserviert gehalten, seine Existenz sollte unmittelbare und analytisch notwendige Emanation seines Begriffes sein. Seit Kant ist das Sein auch Gottes eine reine „Position", die zum Wesen hinzutritt und nicht selbst ein reales Prädikat meint.

Danach mag Gott sein, wie er will, aber *daß* er sei, gehöre nicht zu dem, *was* er sei. Wenn heute umgekehrt die Welt, so wie sie ist, ihre eigene Vollkommenheit implizieren soll, dann ist Gott Gott, d. h. außerhalb der von ihm geschaffenen Welt, sofern seine Existenz nicht automatisch unter seinen Begriff fällt und sein Reich nicht als prompt unter uns gekommen ausgegeben wird. Die Welt mag mit sich im Reinen sein, Gott ist es nicht. Folgt aus seiner Vollkommenheit also nicht eher seine Nichtexistenz, wie die negative Theologie immer schon vermutet hat? Wenigstens ist das Band zwischen seiner Vollkommenheit und seiner Existenz heute wieder als so offen und zufällig zu denken, wie einst die Verbindung zwischen dem Innerweltlichen und seiner Unvollkommenheit gelehrt wurde. Die Welt ist schon da, und Gott wird erst noch? Es gibt Theologien, nach denen Gott noch erst in Arbeit ist. Sofern er schon existiere, sei er seinem Begriff noch lange nicht gemäß, und sollte er nicht existieren, dann auch vielleicht nur zufällig nicht, sofern sein Wesen und seine Welt es durchaus zulassen, ja fordern würden, daß es ihn endlich gäbe. Die Existenz der Welt als göttlicher Schöpfung impliziert die Imperfektibilität ihrer Unvollkommenheit, einer Unvollkommenheit zweiter Potenz gleichsam, da das unabänderlich Unvollkommene eben vollkommen unvollkommen ist. Wird die Welt aber säkularisiert zum unerschaffen unerschöpflichen Gebilde, verliert sie nicht ihre eigene Unvollkommenheit, aber deren Imperfektibilität; sie würde unvollkommen unvollkommen.

Einst implizierte die Vollkommenheit Gottes seine Existenz. Heute soll das Bestehende seine Vollkommenheit implizieren. Vom ontologischen Beweis blieb nichts übrig, als daß die Vollkommenheit eines noch gar nicht existierenden Gottes so evident ist wie die Existenz einer noch nicht vollkommenen Welt. Ist aber die Perfektibilität der Welt ebenso unbeweisbar wie Gottes Nichtexistenz? Die Einheit von Begriff und Realität Gottes ist selbst ein unrealisierter Begriff, nicht anders als ihr Säkularisat, die vielbeschworene Einheit von Theorie und Praxis – vorerst eine Theorie ist.

Wer das Nichts nicht will, hat schon die Welt bejaht, wie sie ist, und wer auch sie ablehnt, hat schon eine andere Welt anerkannt. Diese Logik ist himmelweit entfernt von Freuds Psychologik, nach der jede Verneinung nur die Verneinung der Tatsache ist, daß sie Bejahung ist. Wenn ich einen Triebimpuls verleugne oder verdränge, dann verneine und vernichte ich ihn nicht, sondern verneine nur, daß ich ihn im Gegenteil habe und nicht aufgebe. Eine Triebregung leugnen, heißt dann nicht, die Trieblosigkeit und das sie fordernde Über-Ich bejahen, sondern den Impuls gerade durch seine Verneinung bejahen, die deshalb insgeheim Verneinung ihrer selbst ist, während ich nach Frege unter die übersinnlichen Wesen falle, wenn ich nicht zu den sinnlichen zähle. Wenn ich nicht nach Rom reise, bleibe ich nicht etwa zuhause, sondern fahre nach Nicht-Rom, in irgendeine und jede Stadt, die nicht Rom heißt. Wenn die Verneinung eines Satzes die Bestätigung der Wahrheit seines Gegensatzes ist, dann liegt es allerdings nahe, in der Negation der Welt die Affirmation einer *Hinterwelt* zu sehen. Lehne ich die Welt ab, so wie sie ist, bejahe ich eben etwas anderes als die Welt, eben eine andere Welt, nicht etwa ihre Änderung. Selbst, dass die Religion veraltet sei, ist inzwischen veraltet. Aber : „Veraltet ist stets nur, was mißlang, das gebrochene Versprechen eines Neuen ... Der Haß gegen die Moderne und der gegens Veraltete sind unmittelbar das Gleiche". (Th. Adorno : "Minima moralia", Nr. 57).

Hält Politik also nicht, was Religion nur versprochen hatte? Das religiös emanzipierte Subjekt droht vom Regen in die Traufe neuer übermächtiger Abhängigkeiten von seiner eigenen autonom geschaffenen Welt zu fallen und kann und will gleichwohl nicht dorthin zurück, wo fortan nur Halt am illegitimierbar Heteronomen ist. Das Eingeständnis, nicht nur im ersten Anlauf den Mund zu voll genommen zu haben, will nicht *Pater peccavi* zu Kreuz kriechen. Die Neuzeit wird ihr eigenes Mittelalter, Aufklärung verstrickt sich in Widersprüche : Fortschritt zur Emanzipation aus der Naturverfallenheit mußte erkauft werden von und mit einer Vernunft, die sich gegen sich selbst kehrte. Seither erst beginnt der Mensch jenem Stoff zu ähneln, den er beherrscht. Seine Natur wird so methodisch verdinglicht, ausgebeutet, kontrolliert, manipulativ sichergestellt wie nur um seinetwillen Natur um ihn herum sonst. Wozu er sich entfremdet, scheint schlimmer als alles, worum der böseste Idealismus ihn solange betrogen hat. Der Mensch wird Anthropomorphismus seiner selbst, Opfer seiner Vernunft wie vormals der omnipotenten Natur. „Das Instrumentarium der rationalistischen Wissenschaften negiert ihre mimetische Grundlage, mit deren Hilfe sie doch wirklich arbeitet". Die Mittel werfen sich zum Selbstzweck auf. Die gefürchtete wie hämisch ersehnte Rache der Natur : kein Horroraufstand der Viadukte und Roboter gegen ihre Schöpfer, sondern dieser Verblendungszusammenhang einer renaturalisierten Vernunft mit der durchrationalisierten Natur. Derzeit profitiert das Christentum von dieser Dialektik der Aufklärung falsch, vom Mißlingen der Emanzipationsbewegungen, und bietet sich schadenfroh an als Auffanglager für die enttäuschte und die resignierte Reformfreude aller verlorenen Schafe. Aber man täusche sich nicht : Die Zukunft des Christentums ist so wenig mehr die Zukunft der Gegenaufklärung, wie die Zukunft der Aufklärung noch an die Zukunft des Atheismus gebunden ist.

In seinen „Holzwegen" deutete Heidegger Nietzsche so, daß mit dem Tod Gottes nicht nur das Göttliche, sondern sein und aller metaphysischer Ort getilgt zu denken sei. Die Realität hat sich nicht nur vor keinem Gott, sondern nicht einmal mehr vor den naturrechtlichen Utopien philosophischer Vernunft zu verantworten. Der positivistische Szientismus dekretiert, die Welt sei ihre eigene Idee, die Wirklichkeit ihre eigene Ideologie. Bewies man einst, daß das Vollkommene existiert, weil es vollkommen ist, dann lautet der ontologische Beweis heute, aller Reformatik zum Trotz : Was existiert, ist perfekt, weil es existiert. Die Lücke, die Gott hinterließ, verschwand mit ihm. Der Prozeß gegen den lieben Gott wurde nicht von der Aufklärung geführt, sondern die veränderte Sachlogik des Bestehenden verschlang beide in eins, Religion und humanistische Vernunft zugleich.

Reduktion auf 'administrative Systemrationalität' hat der Vernunft inzwischen alles entzogen, was von ihren Verheißungen über den Verlust tröstlicher Glaubensgewißheiten hinwegtrösten konnte. Hier und da profitiert diese Religion bereits von der „Dialektik der Aufklärung": Der einst vom stolzen Verstand vertriebene Glaube rehabilitiert und empfiehlt sich durch das trügerische Versprechen, von der Lieb- und Seelenlosigkeit jener „positivistisch halbierten" Vernunft zu erlösen. Hat man sich von Gott befreit, nun freier für ihn zu sein? Ohnmächtig die Beteuerung, er werde von vielen noch vermißt oder gar wiedererwartet; an sich ist Gott, nicht nur der christliche und nicht nur in Christus, tot, obwohl und gerade weil er, institutionell vermittelt oder nicht, für diesen und jenen noch dies oder das sein mag. Die Gesellschaft ist selbst als postchristliches Säkularisat nicht hinreichend mehr zu begreifen, Weltgeschichte ist gleichzeitig mehr und weniger als Erbin von Heilsgeschehen. Die Säkularisation scheint vollendet : Autonomisierung, Individualisierung, Universalisierung, Desakralisierung, Reflexivität. Oben wurde vorn, Es werde Ich. Die Einheit des erklärenden Mythos und des sozialisierenden Ritus der Religion zerfiel; heute ist sowohl ihr kognitiver als auch ihr sozialintegrativer Geltungsanspruch dislegitimiert. Konnte sie zeitweilig noch durch extreme Selbstsubjektivierung, durch absegnende Freigabe jeder pluralistischen Beliebigkeit des Glaubwürdigen, ihren erzwungenen Rückzug aus dem „objektiven Geist" generalisierter gesellschaftlicher Motive kompensieren, ist sie nun nicht einmal mehr arbiträre Privatangelegenheit, geschweige denn ihr Wahrheitsanspruch auf irgendeinem Forum meinungs- und willensbildender Diskurse verallgemeinerungsfähig.

Religion samt ihrer Dysfunktionalisierung und Decouvrierung: ein alter Hut, das entzauberte Märchen von der

Kastrationsdrohung. Mit dem Urmord an Gottvater ist das Inzesttabu über Mutter Materie und Frau Welt gebrochen. Konkurrierende Geschwister machen einander den Anteil am großen Mutterkuchen streitig, aber grundsätzlich ist den Herren die Welt ganz freigegeben. Wie Gottvater zu sein oder ihn getötet zu haben, entfesselt den Fortschritt der pubertierenden Gesellschaft, die freigegebene Beherrschung und Ausbeutung von Natur (nasci), die vom Vater her war und von der her wir sind. Mit der Verbindlichkeit der Kultur fällt die Legitimation von Triebverzicht, das Erwartungsniveau der Menschen steigt schneller als die politisch disponible Wertmasse, systemkonforme Entschädigungen müssen das Defizit an Sinn aller Defizite ausfüllen, mit Gottvater stirbt das Über-Ich und mit diesem das Ich selbst. „Nur wenn, was ist, sich ändern läßt, ist das, was ist, nicht alles." (Th. Adorno : „Negative Dialektik", Frankfurt/Main 1966, S. 389)

Was da der Fall ist, das soll man stoßen, aber ist es genug, daß alles, was ist, nicht genügt? Allerdings ist das Sein zu wenig genau deshalb, weil es nach Sartre viel zu viel ist. Jenes Nichts Meister Eckharts war mehr, das derselbe Sartre später dann unsere Freiheit nennen wird. Wir wollen nicht von denen sprechen, die glauben, was ist, sei alles, was sein könne, weil es nichts sei vor Ihm, der alles ist. Aber ginge der Ganz-Andere im ganz Geänderten auf, wenn wäre, was anders sein könnte und sollte? Überstiege das Andere das endlich Veränderte nicht noch immer unendlich, ohne daß doch die unendliche Differenz des Ganz-Anderen vom gänzlich Geänderten die Anstrengung diskreditieren dürfte, die endliche Differenz des Änderbaren von seiner Veränderung endlich aufzuheben? Alle Aussage darüber, welche Leiden und Grenzen unvermeidlich zur vermeintlichen menschlichen Natur gehören, wäre eine Vorentscheidung darüber, welche Schmerzen nicht beseitigt werden sollen, wäre ein Befehl, Schwächen zu verewigen, die den Mächtigen in den Kram passen. Daß selbst die Anstrengung endloser Änderung nur uns vor unsere wahre Endlichkeit jenseits bloß aufgenötigter Schranken bringen könnte, der Gedanke an diese Möglichkeit sollte weder entmutigen, die nur ideologisch präjudizierte Endlichkeit endlich aufzubrechen, noch verdrängt werden von der subalternen Taktik, einen endlich erwachten Reformatismus durch keine paralysierende Skepsis mehr irritieren lassen zu wollen.

Unhaltbar ist der Anspruch der Religion, weiterhin Vorentscheidungen aufrechtzuerhalten über das, was jede kollektive Anstrengung angeblich a priori zum Mißerfolg verurteilt und durch Tabu limitiert. Sie gibt wie der Positivismus nur eine halbierte Vernunft frei voll errors before trial. Inzwischen aber ist machbar, was einst verboten war, solange es unmachbar war, weil es verboten war. Das Bewußtsein unserer Grenzen, Determinismen und Endgültigkeiten läßt sich niemand mehr im Lichte göttlicher Unendlichkeit vorzeichnen; anthropologische Dekrete sind unwiderruflich szientifiziert. Reaktionäre lassen sich noch allzu gern von der Religion bestätigen, daß kein Fortschritt das wesentliche, weil untilgbare Elend der menschlichen Naturverfassung tangiere. Vorzuwerfen sei dem emanzipatorischen Humanismus nicht, er interpretiere die Welt so, daß sie zu ändern sei, sondern er interpretiere nur das an der Welt, was an ihr vielleicht veränderlich sei. Was sich als ontologisches Urgestein allen Änderungen entziehe, sei gerade das Wesentliche, demgegenüber aller Wandel wie oberflächlich erscheine. Wie Kant jegliche Erfahrung am Ding-ansich prinzipiell stranden ließ, präjudiziert diese Kritik an der Kritik das Scheitern aller Praxis an einem unpraktikablen numinosen Noumenon, das jenseits aller Machbarkeiten ein jedes Agieren zum Herumwerkeln an bloßen Akzidenzen depraviert, hinter denen die Tragik unserer substantiellen Endlichkeit desto unerbittlicher aufscheinen soll. Noch die ernsthaftesten Sozialutopien bewegen sich, will man diesen Ideologen glauben, im bloßen Vorfeld des Ernstes, seien bestenfalls notwendige, aber letzthin unzureichende Bedingungen der Möglichkeit einer adäquaten Beurteilung der menschlichen Lage. Das Wesen war einmal als das gedacht, was sich nicht ändert. Heute wird wesentlich genannt, was sich nicht ändern lassen soll: Entweder es gebe etwas Wesentliches, oder alles lasse sich machen.

Die christliche Ursünde ist nicht ihr außerweltlicher Utopismus, sondern ihr innerweltlicher Pessimismus: Zwar ist die Welt nicht länger unantastbar heil und heilig, sondern für Veränderung freigegeben, entdämonisiert und entdämonisiert, *adiaphoron*. Vorm unwandelbaren Wesen das Nichtige, ist aber gerade die Nichtigkeit des Irdischen sein unwandelbares Wesen. Gerade die Veränderlichkeit der Welt ist ihr Index falsi. Das Wesentliche ist invariant, invariabel aber ist ihre definitive Wesenlosigkeit und Insuffizienz, der irreparable 'defectus naturae originalis'. In einem Punkt konvergieren christlicher Nihilismus und alle optimistischen Optionen für innerweltliche Optimierungsversuche. Sie kalkulieren unschuldige Opfer ein als Betriebsunkosten der Plansollerfüllung des irdischen Jammertals oder Paradieses.

Theologie hütet die Inpraktikabilität ihrer Sinnreserven im Namen Gottes als tristen Invariantenkatalog der Hölle auf Erden. Aber wo der Humanismus sein Versagen mit der Losung betäubt, das Problem der Erlösung sei innerweltlich gelöst, bleibt Religion die peinliche Erinnerung an alles Uneingelöste der Verheißungen, allerdings in der Maske vermeintlich ausgemachter Unmachbarkeit.

Die Religion hält die uralte Wunde offen, daß nicht ist, was doch sein sollte, daß das, was ist, noch nicht alles sein könne.

Der Plan aber, die jenseitigen Versprechen nach ihrer Operationalisierung im Diesseits politpraktisch einzulösen, ist unerfüllt, noch nicht erfüllt, christlich gesprochen: unerfüllbar. Der christliche Himmel, als Chiffre dessen gelesen, was auf Erden sein soll, bleibt Traumdeponat oder eine peinliche Infantilität. Wenn die Menschen wirklich ihr Wesen in den Himmel projiziert haben samt dem, was hier und jetzt nicht zu haben war, dann ist noch immer zu viel dort, als daß die Säkularisationsthese nicht maskiert, was an der Religion verdrängt bleibt, solange es irreal und unproduzierbar scheint. Da die Gesellschaft sich nach Marx nur die Probleme stellt, die sie lösen kann, wird auch aus dem soziokulturellen Arsenal der Religion nur das als Sinn zugelassen, was als Gebrauchswert instrumentabel ist. Habermas sagt : Sinn ist eine knappe und immer knapper werdende Ressource, die durch systemkonforme Entschädigungen ersetzt werden muß. Um sich nicht selbst in Frage stellen zu müssen, erzeugt der Kapitalismus nach Marcuse notwendig Bedürfnisse, die er gerade nicht mehr befriedigen kann, ohne sich ebenso in Frage zu stellen. Diese Frustration wird tendenziell, wie Habermas gezeigt hatte, von der Kultur samt Religion weder mehr hinreichend legitimiert noch kompensiert. Die Qualität der Qualen hat keinen sicheren Kurswert mehr. Schon immer hat Religion am Widerspruch gekrankt, den Kontingenzen von Krankheit, Tod, Schuld und Einsamkeit Sinn geben zu wollen und zugleich über deren Sinnlosigkeit nur trösten zu können. Ihre Wahrheit liegt nicht in der Option fürs Bewahrende und Bewährte, sondern in der hartnäckigen Verkündigung, die Welt sei nicht in ihrer Wahrheit und noch nicht mit ihrem Wesen identisch. Sie hält das Bestehende allerdings für notwendig statt aufgenötigt und verwechselt die Grenzen der Macht des bisher Gemachten mit der Grenze des überhaupt Machbaren. Was Menschen mögen, will sie als das Unmögliche glauben machen, beugt sich aber wenigstens nicht der Propaganda, die das Gute im Güterangebot als verwirklicht ausgibt und den Verzicht auf eine bessere Welt damit vergütet, daß der gute Mensch sich am Konsumgut guten Gewissens gütlich tun dürfe.

Auf der Suche nach den letzten Anknüpfungspunkten im Profanfeld ist den Theologen nichts zu ephemer, daß es nicht zum exemplarischen Aufhänger für neue Kriterien von spezifisch Religiösem herhalten könnte. Empfehlungen der Morgenandachten im Radio, mit der Bergpredigt im Handschuhfach jeden Straßenverkehr zu meistern, haben bei den high-brows ihr Pendant in einem akademischen Gott, der ins Plancksche Wirkungsquantum als Quantenspringer inkarniert wird oder als Techniker für Grenzsituationen letzte, unbesetzbare Marktlücken büßt, vor der Wissensfront hergeschoben und in die Falle negativer Grenzbegriffe getrieben. Obwohl es Bonhöffer gab, gibt es für christliche Kammerdiener immer noch keine Ungläubigen. Die scharfsinnige Wut von Schlüssellochtheologen verfolgt jede Bewegung des säkularisierten Atheisten, der sich keine Blößen geben darf, ohne mit einem Gott erpreßt zu werden, der als liebenswert gilt, weil seine schwächste Stelle sich rationaler Überlegung und Überlegenheit preisgibt. Kafka und Beckett auf Theologumena zu ziehen, tat lange ein Übriges.

Nach Ernst Bloch hat Walter Benjamin das Verhältnis von altem und neuem Äon dialektisch entwickelt, um Aporien aufzulösen, in die sich die Lehre von den zwei Reichen so gut verwickelt wie eine Revolutionstheologie, die Bibelworte „so interpretiert, als ob sie Anweisungen zu gesellschaftlichem Handeln enthielten." 'Herrschaft Gottes' ist weder schlicht politisch noch nur metaphorisch gemeint.

Habermas gilt das 'Theologisch-politische Fragment' noch vor den 'Geschichts-philosophischen Thesen' als das philosophisch Bedeutendste, was von Benjamin erhalten ist. Da profane Utopie zum messianischen Reich antiparallel gerichtet ist, kann Theokratie so wenig politisches Ziel sein wie politische Programme präjudizieren. Aber biblischer Vanitarismus habe mit revolutionärem Humanismus einen Nihilismus gemein, zu dem jener umzufunktionieren sei.

Auch ohne Erinnerung an Nietzsche dürften die Widerstände gleich sein, im Christentum nicht anders als im Marxismus einen Nihilismus zu sehen und in diesem eine Methode von Weltpolitik. Die mystische Korrespondenz von profanen Zielen und messianischem Ende aller Ziele tangiert weniger die Notwendigkeit politischer Trennung von Staat und Kirche, als sie vielmehr vorauszusetzen. Nach Benjamin betreibt christlicher wie sozialistischer Nihilismus den Untergang all dessen, was an Geschichte noch Natur sei, und legitimiert diese Politik einer Beendigung menschlicher Vorgeschichte, das vor der messianischen Appellationsinstanz in sich Vergängliche nun auch zur Vergangenheit zu machen, durch das Spiegelbild messianischer Ewigkeit, die ewige und totale Vergängnis weltlicher Totalität. – Vergänglich ist das Bestehende aber nicht, weil es seiner Beseitigung zustimmte, sondern einzig, soweit es, an seinem vorgreifenden oder zugrundeliegenden Begriff gemessen, keinen Bestand hat.

Der Messianismus breche Natur nicht weniger, als Natur in sich selbst bereits messianisch sei; nicht dadurch aber, daß sie ihren Fluchtpunkt darin habe, spontan ins Gottesreich sich aufzuheben, sondern kraft ihrer Vergänglichkeit an sich selbst, die dem theokratischen Anbruch gerade dort mystisch entgegenkomme, wo sie ihm retardierend entgegenarbeitet und auf autonomes Glück pocht. Christliche *restitutio in integrum* bezahlt schicksalsmythisch mit dem Schmerz der zerbrochenen Individualität, schuldhaft vertrotzter : Unsterblichkeit nur um den Preis der Absage an Charakter, dessen Verewigung infernalisch wäre. Außer dem Glück, der Erlösung von Schicksal, ist alle Deindividuierung aber so zwanghaft wie die Individualität selbst, von deren Gefängnis sie befreien will. Freud hat im Liebesglück, der Vergänglichkeit jeder Triebspannung, ein Modell jenes Subjekts entworfen, in dem schicksalsmächtige und geschickt machbare Geschichte versöhnt sind, wo es vor Glück vergeht.

Der Kommunist Ernst Bloch zitierte gern den Katholiken Gilbert Chesterton : „In der Tat war die christliche Kirche von Anfang an, und vielleicht besonders am Anfang, nicht so sehr ein Fürstenreich wie eine Empörung gegen den Fürsten der Welt." „In dieser zu Grabe getragenen Gottheit liegt der Gedanke einer Unterminierung der Welt, eines Erschütterns der Türme und Paläste von den Grundfesten her, wie ja auch Herodes, der große König, dies unterirdische Beben spürte, und wankte in seinem wankenden Palast." („The everlasting man", Berlin 1930, S. 242) „Jene, welche die Christen beschuldigten, Rom mit Feuerbränden in Trümmer gelegt zu haben, waren Verleumder, aber sie erfassten wenigstens die Natur des Christentums weit richtiger als jene unter den Modernen, die uns erzählen, die Christen wären eine ethische Gemeinde gewesen und langsam zu Tode gemartert worden, weil sie den Menschen erklärten, sie hätten eine Pflicht ihren Nächsten gegenüber zu erfüllen, oder weil ihre Sanftmut und Milde sie leicht verächtlich gemacht hätte." (a. a. O., S. 243)

Alle Mynsters verstehen gegen Kierkegaard Einheit von Theorie und Praxis so, dass schon ihr Denken die Kompromisse schließt, die ihr Handeln ohnehin eingeht. Dieser Kompromiss ist dialektisch die Reinheit des Begriffs selbst, der, wo er nicht sich selbst widerspricht, schon dem entspricht, was seine rohe Botschaft in eins verspricht und verbietet : der "Realität". Vernunft hält ihr Versprechen, nicht hinzunehmen, was dem Hingehaltenen fehlt, für einen Sprachfehler, Bestandsaufnahme der *Hexis* für Praxis, die versteht, was entstanden, nicht, dass es abgestanden, unausstehlich ist. Kommt es hoch, beeilt sich der Gedanke, als Probehandlung alert seiner chronischen Unverwertbarkeit Abbitte zu tun, entschuldigt sich Gefühl seiner Ersatzhandlung, damit purer Wille um Willen seiner selbst und ellbogenfrei, zur Misshandlung ermutigt, das Thema Individuum nur in Sonderbehandlungen noch verhandelt wird. Scholastik konzipierte in Gott den *actus purus* ohne Möglichkeit, nicht oder anders zu sein, als was und dass er von Ewigkeit her notwendig ist.

Zwar ist die Kirche Kant gefolgt, seit sie aus der Unmöglichkeit von Gottesbeweisen Bedingung der Notwendigkeit des Glaubens herauslas. Ist es aber wahr, dass alle Beweise seiner Existenz aus dem Begriff vom *ens perfectissimum* und aus der sonst unverständlichen Gegenwart dieser Idee in einem unvollkommenen Bewusstsein letztlich ontologische sind, dann haben sie den Platz wieder besetzt, den das Wissen für einen protestantischen Glauben gemacht zu haben glaubte. Denn dass das Existentialurteil über Gott ein analytisches ist, kam über die Totalisierung der Identitätsthese zur Theologie zurück. Da die hundert wirklichen Taler den hundert möglichen keinen hinzufügen, sind sie gleichwertig, wenn anders der Begriff nicht weniger ist als sein Objekt oder ein anderes begreift, als er vorgibt. Das logische Existential-urteil spezifiziert sich christologisch, sobald das *ens unum* aus eigenem Antrieb sich ab-ur-teilt, von sich ab- und austeilt, im Mittler aus sich heraussteht, "ek-sistiert" und nur dabei in sich ist, im Aus- und Abstand zu sich dem Verstand und sich selbst ein vernehmlicher, ein vernünftiger Gegenstand und „aus-stehlich" wird. Gott als Existenz des menschlichen Begriffs von ihm und Christus als "Ek-sistenz" des göttlichen Begriffs selber : Hegel insistierte darauf, dass ihre Identität allem trockenen Versichern zuwider noch ausstehe, die nur vorgestellte Gleichung unbeglichen sei.

"Ich frage euch, ist der Satz : dieses oder Jenes Ding (welches ich euch als möglich einräume, es mag sein, welches es wolle) existiert, ist, sage ich, dieser Satz ein analytischer oder synthetischer Satz? Wenn er das erstere ist, so tut ihr durch das Dasein des Dinges zu euren Gedanken von dem Dinge nichts hinzu, aber alsdann müsste entweder der Gedanke, der in euch ist, das Ding selber sein, oder ihr habt ein Dasein, als zur Möglichkeit gehörig, vorausgesetzt und alsdann das Dasein dem Vorgehen nach aus der inneren Möglichkeit geschlossen, welches nichts, als eine elende Tautologie ist." (*Immanuel Kant* : „Kritik der reinen Vernunft", Leipzig 1901, S. 471)

Existenz als reales Prädikat verdinglichte den Begriff, der, aufgehoben, sein Dasein mitrisse, oder Realität wäre, wie der logistische Modalkalkül will, schon die Möglichkeit selbst, deren Realisierung sie darstellt. Der Widerspruch, dass ein Leugnen seiner Existenz die abstrakte Möglichkeit mitaufhöbe, vom *Ens entium* eine widerspruchsfreie Vorstellung überhaupt sich zu machen, hängt an der Prämisse, der Begriff vermöchte, sobald sie im Kontext möglicher Erfahrung nicht sinnlich, nicht material bedingt gegeben wird, die Existenz seines Objektes analytisch zu appräsentieren.

Ist so etwas wie ein *ens necessarium* kein leerer Name, kann es gleichwohl noch Name eines leeren Begriffs sein. Nicht einmal die notwendige Möglichkeit des leibnizschen Begriffs verbürgt seit Kant die reale der Existenz des Vorgestellten.

Der ontologische Beweis überlebt säkular als einer der vom Begriff erzwungenen Identität mit seinen Gegenständen. Einmal auf Gott beschränkt gedacht, scheint einzig noch er nun von ihr auszunehmen. Nichts anderes dürfte eine Theologie reflektieren, für die Gott ganz anders ist – denn als was? Seiner apathischen Ikone stünde eine Historizität besser an, die nur ideologisch noch innerweltlichem *nunc stans* unterschoben wird. Aber so wenig Kant den transzendentalen Beweis der Nichtidentität in einen der dezidierten Nichtexistenz Gottes verkehrte, ist der ontologische der Identität des kreativen Plans mit der Kreatur Beweis onto-theologischer Identität. Doch konnte Theorie noch den ontologischen Beweis zerschlagen, den der Ontologie von Identität zu widerlegen, reicht sie nicht hin. Deren kopernikanische Wende bedürfte nicht eines Alleszermalmers, sondern aller, die ihre Einheit kündigten. Theologie hätte Offenbarung als eine von Nichtidentität, die den inzestuösen Bann durchbrach, zu veröffentlichen. Erbsünde, die den Drang zu jener Reproduktion des falschen Lebens erst erzeugt, von dem sie sich kontinuieren lässt, wäre als ein Identitätszwang entmythologisiert, *carentia iniquitatis*, demokratisierte Schwächung bis in den Selbsterhaltungsbetrieb hinein.

Ernst Bloch, wo er Dialektik einmal in Begriffen der Mengentheorie verdeutlichen will, erinnert daran, dass die Linie, die einen Bereich begrenzt, auch immer schon zwischen zwei Gebieten liegt, die diese Schranke gegeneinander gemeinsam haben : dass sie, wo sie einen Claim für sich abstecke, nolens volens bereits das Grundstück des Konkurrenten mitabgrenze gegen das privateigene. Der *terminus ad quem* ist *terminus a quo* ein und derselben gegen die konträre und zwischen zwei abstrakt gegeneinander festgehaltenen Bestimmungen. Die Grenze, bis hin zu deren Ende und nicht weiter etwas gerade noch nicht aufhört zu sein, was es ist gegen anderes, ist im Gleichen der Anfang, von dem her jedes beginnt, nicht mehr sein Gegenteil oder gleichgültig anderes zu sein.

Der ausdehnungslose Grenzpunkt, die Demarkationslinie zwischen den Territorien, das logische Niemandsland, ist die leere Menge, ohne eigenen Inhalt, Eigentum beider Hoheitsgebiete. Die Nullklasse, Todesstreifen der Logistik, ist beiden Aspiranten gemeinsam, ohne etwas zu enthalten, was Mein und Dein zu unterscheiden und zu umstreiten erlaubte. Die Nullklasse ist der logische Kommunismus der leeren Kassen.

Das Allgemeine als einer Elementenmenge Gemeinsame ist nur im Durchschnitt zugelassen, in dem sie einander überschneiden, den sie einander abschneiden, nur als ein Opfer von Partikularität. Die Vereinigung wiederum schneidet diesen Durchschnitt abermals als ausgeschlossen vom Partikularen ab. Die leere Menge ist so das einzig konzedierte *Koinon*, das den Privatpartikeln nichts raubt. Unmöglichkeit nennen Modallogiker die Nullklasse als einzige, die das Allgemeine nicht durch Äquivalententausch partikularer Teilhabe und Teilgabe produziert. Ihr Pendant in der Aussagenlogik, Kontradiktion, spiegelt Tautologie, Notwendigkeit, universales Urteil, das im apodiktischen sich quantifiziert: Da es zu allen Zeiten so war, ist es nun einmal so; was niemals war, kann nicht sein.

Sprache lässt in der *Möglichkeit* deren eigene Kaduzierung mitklingen : was sein könnte, flüchtet in nur subjektive Ungewissheit über objektiv entschieden Ausgemachtes vor der Unentschiedenheit dessen, was bei Hegel „reale Möglichkeit" heißt, *bestimmte Negation.* In der Definition der Definition sind die Differenzen der befehlsempfangenden Partikularität vor dem nächsthöheren Gattungsbegriff, ihrem unmittelbaren Vorgesetzten, auf interne vorab nivelliert. (Frantz Fanon hat die Übertragung unabführbarer Aggression vom Kolonialherrn auf desolidarisierende Stammesfehden einst beschrieben, zum Beispiel.)

"Ein Satz besagt dadurch etwas über die Welt, dass er bestimmte Fälle, die an sich möglich wären, ausschließt, d.h. dass er uns mitteilt, dass die Wirklichkeit nicht zu den ausgeschlossenen Fällen gehört. Je mehr Fälle ein Satz ausschließt, umso mehr besagt er. Daher erscheint es als plausibel, den Gehalt eines Satzes zu definieren als die Klasse der möglichen Fälle, in denen er nicht gilt, also derer, die nicht zu seinem Spielraum gehören ... Bei jeder Deduktion wird der Spielraum entweder vergrößert oder er bleibt gleich. Daher wird der Gehalt entweder verkleinert oder er bleibt gleich. Durch ein rein logisches Verfahren kann niemals Gehalt gewonnen werden". (*Rudolf Carnap*: „Symbolische Logik", Wien 1960, S. 21)
Entweder ist davon das *Ex falso quodlibet* auszunehmen oder das Kontradiktorische ist so faktisch wie der Schluss aus seinem leeren Spielraum kein logischer mehr wäre. Logik gewinnt Gehalt, apophantische Bestimmung, durch Schließen aus gerade dem, was sie aus ihren Verfahren ausgeschlossen hat : dem Widersprüchlichen, Nichtidentischen. *Ex falso quodlibet :* Das Erschlossene selbst leidet an widersprüchlicher Ambiguität zwischen dem logistischen Dezisionismus purer Willkür und beliebiger Anreicherung mit Gehalt *ex negatione.* "Wenn in einem solchen System zwei entgegengesetzte Sätze ableitbar sind, so wird das ganze System trivial, da jeder beliebige Satz ableitbar ist." (a. a. O., S. 45)

Als wäre der Widerspruch analytisch, da Tautologie bereits aus allem Nichtkontradiktorischen deduzierbar ist. Carnap nennt ein System *vollständig*, wenn entweder jeder Satz oder sein Negat, einen Satz *unabhängig*, wenn weder er noch seine Verneinung in ihm ableitbar sind.

Der aussagenlogischen Paradoxie der *materialen Implikation* entspricht in der Klassenlogik das Theorem, dass die Nullklasse Teilmenge jeder Menge ist, einschließlich der singulären Klasse mit nur einem Element. Im letzten Jahrhundert verwies Gottlob Frege bereits Schröder diesen Widerspruch mit Hinweis auf die Verwechslung von Menge qua Teilmenge und Element ihrer selbst, um nicht die Nullklasse zum Subjekt beliebiger Prädikation zu hypostasieren, dem *Nichts* Heideggerscher Dignität, das, kein Seiendes, gleichwohl nicht nichts sein soll. Heidegger teilt mit den Orthodozenten der mengentheoretischen Paradoxien die Elevation des faktisch Absenten, des bestimmt Negativen eines ungedeckten Bedarfs, zur Abstraktionsebene einer Identität mit dem *apeirischen* Sein. Dem Sein darin gleich, wird das Nichts weder als ein schlichter Gegenstand irgendeines Aktes noch als ein schier Nichtseiendes vorgestellt. Wenn logischer Positivismus die Nullklasse als Allklasse dessen einführt, was nach Heideggers Platon-Übertragung mit sich selbst nicht selber dasselbe sei, ist er paradox jener Identität von Identität und Nichtidentität nahe, der er entgegen seinem identifizierenden Prinzip dann die sattsam bekannte Nichtexistenz des Nichtidentischen entgegenhalten muss. Logistisch ist ein Begriff, die Klasse seiner Elemente, existent nur dann, wenn eine Funktion existiert, die von diesen Elementen als Argumenten erfüllt wird. Jedes Element der Nullklasse hat zwar die Eigenschaft, erfüllt eine gewünschte Funktion, die nämlich, nicht sich selbst identisch zu sein, doch die einzige, die der Positivist so zulässt, schließt er aus : Nichtidentität reicht nicht aus, die leere Menge zu bevölkern. So löst auch Frege das Paradox auf und setzt dem "Nichts" die Pistole der exklusiven Disjunktion auf die Brust : Entweder es gibt kein Nichtidentisches oder es ist Bestandteil der Welt. Entweder das in sich Differente bequemt sich der Identität, oder es bleibt ausgeschlossen. Identisch ist nur der Begriff Nichtidentität selbst.

Das Kriterium der Nullklasse, ein Fehlen von Eigenschaften, denunziert das „universe of discourse" dessen, was mit sich ins Reine kam, als Klasse von Eigentümern. Da die mit je sich selbst nicht identischen Elemente der leeren Menge im Hinblick auf Nichtidentität miteinander gleichwohl identisch sind, ist ihnen das gemeinsam, nichts mit je sich selbst gemein zu haben . Die Nullelemente, miteinander, obzwar nicht jedes mit je sich selbst identisch, koagulieren zur singulären, zur monistischen Klasse des Nichtidentischen, während die Elemente der Allklasse, jedes mit sich selbst, doch nicht miteinander identisch, sich ja im Besitz ihrer Eigenschaften unterscheiden, durch mindestens eine erfüllte Funktion außer der Diszernität. Identität der Nicht-Identität ipsidenter und der Identität nicht-ipsidenter Objekte jedoch ist so affirmativ wie die idealistische Identitätsthese des Ich oder die monistische Simpliziade Gottes.

Das Leibnizsche *prinzipium identitatis indiscernibilium* stattet die Nullklasse mit der logischen Unschärfe eines nicht durchindividuierten Feldes aus. Als *principium individuationis* aber gilt der Metaphysik seit Aristoteles die *materia prima*, spätestens seit dem Thomismus eine *materia designata quantitate* in untergründiger Korrespondenz zur spätlogischen extensionalen Deutung des Allgemeinen : "Die Zahlen sind Bilder der Begriffsumfänge". Der Begriff vom

Begriff als logischer Ausdehnung, Anzahl der unter ihm befassten Exemplare, drang später durch, sanktionierte nur nachträglich jene Regelung, die lange zuvor schon das Prinzip des *individuum ineffabile*, des „tode ti", des „hekaston", von formqualitativer *„haecceitas"* (Duns Scotus) an mathematische Materie, einem raumzeitlichen Relationssystem delegiert hatte. Ohnmächtig ist Carnaps Versuch, den Vorwurf des Idealismus abzuwehren : "Wir können aber ... noch weiter gehen und geradezu sagen, dass der Begriff und sein Gegenstand dasselbe sind. Diese Identität bedeutet jedoch keine Substantialisierung des Begriffs, sondern umgekehrt eine "Funktionalisierung" des Gegenstandes." (*Rudolf Carnap* : „Der logische Aufbau der Welt", 2. Auflage, Hamburg 1961, S. 6)
Als wäre nicht eben das ja identisch.

| Christus | Einer | wirklich | vergangen | notwendig |
|----------|-------|----------|-----------|-----------|
| Gemeinde | Einige | möglich | Gegenwart | wirklich |
| Gottesreich | Alle | notwendig | Zukunft | möglich |
| | Numer. | modal | temporal | modal |

Was die existentialistische "Möglichkeit" und marxistische *docta spes* von der christlichen Kardinaltugend Hoffnung übrigließen, ward endgültig von der Logistik sequestriert. Dort rangiert sie als monadischer Valenzfunktor, Modalisator oder, nach Carnap, nichtkontradiktorischer Ausdruck, zu dem es wenigstens *ein* Urteil, das erhoffte, geben soll, das er nicht impliziert. Der Modus wurde eine mehr oder weniger volle Klasse "möglicher" (in einem seiner möglichen Formen also bereits stehender) Fälle. Darin ist das cusanische „*Potest"* das längst schon Reale, die besetzte, nicht die Planstelle innerhalb eines nichtleeren Mengenraums, wie um die Entkräftung des Vorwurfs bloß abstrakter Möglichkeit dadurch zu simulieren, dass das Reale als solches platt die hegelisch "reale Möglichkeit" selbst schon ist.

Notwendig soll was auch immer sein, das in *allen*, möglich, was in *mindestens einem*, zufällig, was in *mindestens einem nicht*, unmöglich, was in *keinem* der jeweiligen Fälle eines jeweiligen *universe of discourse* gilt. Kronzeuge Kant leistet im Schematismuskapitel der Vernunftkritik dieser numerischen Interpretation des Modalkalküls Vorschub, wenn er das sinnliche Schema dieser Modi Notwendigkeit, Möglichkeit und Wirklichkeit als ein Dasein (also selbst schon Wirklichkeit) zu *jeder*, *irgendeiner* und *je bestimmten* Zeit quantifiziert. Auch Heideggers Temporalisierung der existenziellen Modalstruktur in Einmaligkeit, Beliebigkeit und Alltäglichkeit sah sich von Kant belegt. Doch logistische Reduktion der Modi auf Extensionalitäten redet aus der Diallele sich heraus auf Metamodalitäten, deren Problematik nur die der primordialen verschleppt : Quantifizierung der Modi schlägt um in die Metamodalisierung der Quantoren.

Schon bei Leibniz ist, was möglich ist, in mindestens einer der im göttlichen Geist möglichen Welten verwirklicht, von denen Gott wenigstens *eine*, also Wirklichkeit als paradoxe Bedingung der Möglichkeit ihrer Möglichkeit, schaffen musste, die nach unerforschlichen Ratschluss beste daraus dann geschaffen haben soll.

Für L. Kolakowsky ist dagegen das Festhalten am Unmöglichen zu der Zeit, da es real noch unmöglich ist, geradezu die Bedingung der Möglichkeit des Möglichen : " Die Utopie als solche ist Bedingung dafür, dass sie eines Tages aufhört, eine zu sein ... Lange vor der materiellen Produktivkraft, die sie in eine reale Möglichkeit von der bloß abstrakten verwandelt, muss die Utopie als Utopie verkündet werden. Das Unmögliche wird unmöglich bleiben, wenn es nicht schon verkündet wird, bevor es möglich ist."

Gerade wo seine Theologik die positivistische Arithmetik von Möglichkeit, des besonderen Begriffs von Besonderheit, verhandelt, nimmt Hegel bereits im partikularen *Urteil der Reflexion*, das sich aus dem *negativen* des Daseins übers *hypothetische* der Notwendigkeit zum *problematischen* Urteil des Begriffs aufschwingt, das existentialistische *ante essentiam* des menschlichen „Entwurfs" samt dessen Kritik schon vorweg:

"Wenn einige Dinge nützlich sind, so sind eben deswegen einige Dinge nicht nützlich ... Dem Einigen wird daher ein allgemeinerer Inhalt beigegeben, etwa Menschen, Tiere usf. Dies ist nicht bloß ein empirischer, sondern durch die Form des Urteils bestimmter Inhalt; er ist nämlich ein Allgemeines, weil Einige die Allgemeinheit enthält, und sie zugleich von den Einzelnen, da die reflektierte Einzelheit zugrunde liegt, getrennt sein muss. Näher ist sie auch die allgemeine Natur oder die Gattung Mensch, Tier, - diejenige Allgemeinheit, welche das Resultat des Reflexionsurteils ist, antizipiert, wie auch das positive Urteil, indem es das Einzelne zum Subjekte hat, die Bestimmung antizipierte, welche Resultat des Urteils des Daseins ist." (*G. Fr. Hegel*: „Wissenschaft der Logik", Band II, Leipzig 1951, S. 289)

Den Gebrauch von Freiheiten, die nicht sie selbst sich nahm, durfte die liberale Theologie getrost freigeben, da das Anathema über Pelagius umso weniger betroffen war von der Freigabe ohnehin vergeblicher Moral, je weiter diese auf die Bedeutung sexueller Restriktion herunterkam.

Zum Würgegriff aber wird ihr Zirkel, sich einmal Exklusivität aufzwingen zu lassen durch thematische Rückstände, die um enger Strenge willen aus den Sinnterritorien anderer Methoden ausgebürgert sind, im Übrigen gleichwohl diese Autonomie leidlich zu pointieren vor der schlechten Unendlichkeit, bis zu der arbeitsteiliges Zerreißen des heiligen Gewandes getrieben werden kann, und trotzdem glaubhaft zu bleiben gegen eine dauernd angekündigte Vollzählig-keit, die nun Überzähliges, Überflüssiges, Überfälli-ges allerdings ausgemerzt hat, und Widerspruchsfrei-heit kultureller, als radikal sich aufspielender Synkre-tismen, deren nominalistische Ökonomie, um nicht mit dem Pluralismus zu kollidieren, sie gerade als Accessoire noch duldet.

Nicht aus dem Sortiment zu streichen, was einmal Siegel untilgbarer Bedürftigkeit war, soll jetzt zum Beweis sich schicken, dass noch den exaltiertes-ten Bedürfnissen Rechnung getragen wird. Zu demon-strieren, dass eine Ideologie entbehrlich ist, nach der der Charakter von Entbehrung der Welt unaufhebbar anhaftet den voreiligen Proklamationen des saturierten Lebens zum Trotz, macht diese Ideologie zu dem Extra, das erst sich leisten kann, wer nichts mehr von dem entbehrt, was als *leisure symbol* jeweils herum-gereicht wird.

Ihre absolute Zukunft vor der Verewigung einer Kultur zu retten, die sich anschickt oder nur anheischig macht, ihre Notwendigkeit abzuschaffen, als sei Not abgewendet, verdächtigte Theologie im Kielwasser der Philosophie Naturrechte und Kultur-pflichten einer abgestandenen Geschichtlichkeit, wi-derriet dem Pendant der Fungibilität, dem Pathos ge-bildeter Distanz, das die Resultate mit gekappten Pro-zessleinen zu bloß begaffbaren Inventarposten im Museum der Vorhandenheiten fetischisierte.

Verzichte ich nun darauf, das Wesen zu sein, durch das die Zukunft keine Kopie dessen zu sein brauchte, in was ich hineinwachse, um es zu über-nehmen, dann zeigt mir ein kataklystisches Antlitz der Welt nur die Unkenntnis jener Gesetze an, nach denen nie anderes sein kann, als was seit Anbeginn und al-ters her war. Erst das Vorverständnis der fatalen De-terminismen als Antifinalitäten aus der Relativierung von Ursachen zu Mitteln, von Zwecken zu Wirkungen, macht ihren gesattelten Rücken reitbar. Der Entwurf, als Auswurf verworfen, überwirft sich mit seiner Unterwürfigkeit unter die *Geworfenheit*, wirft sich ihr vor, und dieses Zerwürfnis mit dem würfelspielenden Gott darf diabolisch genannt werden vor dem, was gut sein soll, weil es ist, nicht etwa ist, weil es gut wäre. Nur nähren die *actes gratuits* des dynamischen Aktivismus weiter den Verdacht, ihre Ideologeme versäumten es, über das wahre Verhältnis der menschlichen Privilegien zum Universum aufzuklären. So wenig aber der Zirkel durchbrochen wird, wenn das Wesen des Wesens von Existenz diese selber ist, Existenz eine Essenz zu erfinden hat, deren Essential sie selbst ist, konnte Theologie, Schulter an Schulter mit dem Marxismus, ihre Modernität als Teleologie des Existenzialismus regenerieren, weil dieser, darin dem Zeitgeist hörig, Irrationalität nur aus dem Instrumentarium exorziert hatte um den Preis, die Entelechien an einen totaloklinen Dezisionismus abtreten zu müssen. Allerdings träfe, wie Sartre will, projektive Entscheidung darüber, was überhaupt sein soll, kein substanzielles Jenseits der synthetischen Relation rationaler Mittel und Hindernisse, durch die hindurch sie sich existentialisieren in dem Maße, wie sie deren Existentialisierung darstellen.

Doch einmal ist das Strukturprinzip der Totalisierung nicht schon darum rational, weil seine Elemente rationell in ihm fungieren, zum anderen diskreditiert der existenzielle Ansatz sich im Musilmann ohne Eigenschaften, der immer auch anders können soll ohne Möglichkeit, nicht nicht zu sein, was er je wäre, und doch gerade dadurch dem Autor die Möglichkeit gab, seinen Helden die historischen Bedingungen seiner existenziellen Indisponibilität ausschreiten zu lassen. 1914, wo der Roman endet, ward dann das Andere selbst verändert, das Ulrich je auch könnte : Der Krieg ward Musils „anderer Zustand".

Ist die Krone der Schöpfung im vornhinein als das Lebewesen angesetzt, das auf dem Boden gegebener Verhältnisse nichts ist als die kontingente Notwendigkeit, sein Wesen und das der Verhältnisse zu erfinden, so entgeht man zwar den cartesianischen Aporien einer Selbst- und Fremderkenntnis im Stadium der Selbstkoinzidenz. Soll der Existenzialist, des Theologen liebstes Kind, aber erklären, was die Faktizität dazu bewegen könnte, sich überdies zum Produkt ihrer selbst zu machen, weiß er auch nur auf einen ontologischen Sündenfall des im Übrigen kulturell präformierten *Etre-en-soi* Sartres zu rekurrieren. Da Sein nicht zu rechtfertigen sei, ohne es zu *nichten*, und Rechtfertigung sich allemal auf eines bezieht, das einer „Anéantisation" bereits zum Opfer fiel oder erst projektiert ist, bleibt die berühmte Verurteilung zu ihr ebenso notwendig wie das Sein ganz beliebig, das zu rechtfertigen ist. Das Sein ist "de trop" und Rechtfertigung eine eines schon transzendierten oder nur erst entworfenen Seins, das nicht mehr oder noch nicht ist, des aristotelischen Nichts der Zeit. Hauptsache, Seiendes, welches auch immer, wird *causa sui*, entzieht sich den Naturrecht auf Entbehrlichkeit für seinen Begriff. Seine *Nichtung* vernichtet die Realität seiner Möglichkeit mit, um der Rechtfertigung willen. Existenz, die der Faktizität sich entreißt auf das Reißbrettartefakt ihrer selbst hin und durch diesen Riss die „*Inertialkoeffizienten*" aller Bremsklötze erst konstituiert, entreißt sich ihrem Wesen nur, um es einzuholen : Die vermeintliche Selbstessentialisierung der Existenz realisiert wieder nur die Essentials, die der ja gar nicht so nackten Existenz in die Wiege gesungen waren. Zu sagen, das Sein sei ungeschaffen oder von Gottes Gnaden, läuft von daher auf dasselbe hinaus:

die Tabuierung seiner Vorgeschichte macht es unvermeidlich.

Hatte der paulinische Luther durch den Glauben allein den des Anteils der Meriten an ihm und seinen guten Werken ausgetrieben, Erfolg kehrt ideologisch als Folge von Einsatz hartnäckig wieder, seit Akkordfrömmigkeit die Qualitätsgewissheit der Werke außer Frage gestellt hat.

Am calvinistischen Kapitalismus Max Webers bleibt gegen katholischen Semi-Pelagianismus so viel wahr, dass *der* Verdienst nicht ideologisch *das* Verdienst einer nur supponierten Autonomie ist, sondern den Gnadenstrahl signalisierte wie in der Pleite der Index der Reprobation gefürchtet war.

An legendären Präzedenzfällen wird immer noch denen demonstriert, die sich allein daraus ihr schlechtes Gewissen machen lassen, der eigene Swimmingpool sei ihnen versagt nur, weil sie ihren liberalistischen Kairos dauernd verpassen. Das undurchsichtige Augustinische Gnadenroulette ist die im Mittelalter als von ihm gebrochen, geheilt, ergänzt gedachte Natur selbst geworden. Inzwischen darf der von Gnaden zufälliger Marktchancen Arrivierte auf das Attest seiner Zurechnungsfähigkeit hoffen, je weniger es ihm an die Wiege der Tellerwäscherei gesungen war.

Dahin zielt Adornos Konjektur, die Frage nach dem Sinn des Lebens, deren Aktualität eine Freiheit reflektiert, die allein im Überbau sich austobt und gefangen ist zumal, könne von ihm nur gestellt werden. Das stereotype Rezept, Patentrezepte für Kummerkästen nicht liefern zu dürfen, die an der Dignität des Problems sich vergriffen, beweist, dass der Überbau sich im Namen seiner Offenheit von dem dispensiert, was er frei genug ist zu kompensieren. Not aber, die beten lehrt, entwickelt so weit zurück wie nur unterentwickelte Länder für den Totalitarismus anfällig scheinen. Dass es in Schützengräben keine Atheisten gebe, enthüllt den Sinn der Frage nach den Sinn des Lebens, während Scham doch verböte, das "Reich der Notwendigkeit", fortwährende Vorgeschichte, zu verwechseln mit Not, die, nicht länger nötig, für noch immer gut genug befunden ist, sich und mit ihr das zu verewigen, das gerechtfertigt schien, solange es ihr noch abzutrotzen war.

*Nulla scientia probat sua principia.* Davon haben Götter weder ihre Theologie dispensiert noch deren einstige Magd dazu berufen, religiöse Akte sich vor den immanentalen Bedingungen ihrer Möglichkeit blamieren zu lassen. Immanent wäre dabei ein dialektischer Begriff, der, obgleich nicht selbst Diaphanie, so etwas wie Transzendentalien ja allererst möglich machte. Diese wären anders bloße Äquivokationen des Heiligen wie Heideggers Synonyme fürs *Seyn* austauschbare Äquivalente sind. Die Retourkutsche einer Metatheologie der Religionsphilosophie müsste dagegen bereits prompt aufs *primum principium* retirieren, ohne darin mittels ihrer eigenen Rationalität das Prinzip ihrer philosophischen Prinzipienklärung zu erreichen. Dabei bleibt katholischer Thomismus noch rationaler als das protestantische Jenseits aller ans Diesseits verhurten Begriffe. Spezialist für Universalien, teilt der Theologe auf der Suche nach dem Born des totgeborenen Lebens den Status des Philosophen, in Bornierung zu dilettieren und in diesem Dilettantismus borniert zu sein.

Religion, wo sie für Philosophie objektikabel wird, wäre vom kulturellen Löschpapier, Philosophie aber von Theologie aufgesogen, gäbe sie zu, ein kulturell Unbedingtes vermöchte, obschon nur durch kulturelle Sinnfunktionen hindurch, die Autonomie der immanenten Synthese aller kulturellen Synthesen dadurch zu durchbrechen, dass es sie im Namen des Mittlers zwischen dem Apriori und der objektiven Synthesis praktisch zum Mittel, ästhetisch zur sakramentalen Metapher, theoretisch zum „Modell" relativierte. Auch die Dialektik schraubt jede emphatische Synthese auf den Boden einer These, Symbol ihrer Selbstnegation, zurück. – Doch es gilt zu bedenken: "Das Gebiet, in dem Kultur und Religion sich treffen, ist die gemeinsame Richtung auf die Sinneinheit. Hier ist der kritische Punkt der Religionsphilosophie, der Punkt, wo sich entscheidet, ob die Religionsphilosophie überhaupt bis zur Religion durchdringt, oder ob sie sich damit begnügt, einen synthetischen Abschluss des Kulturbewusstseins mit Religion gleichzusetzen. In dieser Gefahr befindet sich namentlich die kritisch-dialektische Methode. Sie stellt sich, je stärker sie das dialektische Moment betont, desto nachdrücklicher unter die unbedingte Forderung und treibt darum den dialektischen Prozess über jede bestimmte Form hinaus. Aber sie sieht nicht, dass dieser ganze Prozess wie jede einzelne Sinnform unter dem Nein des unbedingten Sinnes steht und nur durch dieses Nein zugleich ein Ja der Sinnhaftigkeit erhalten kann." (*Paul Tillich* : „Religionsphilosophie", Stuttgart 1962)

Noch das Prinzip universaler Mediation soll durch jenes Unmittelbare vermittelt sein, von dem Karl Heinz Haag schrieb, es hypostasiere die Abwesenheit des traditionellen Gottes zu einem "abwesenden Gott". Auch über ihn direkt noch zu reden, wäre nach dem KZ, der Synthesis des industrialisierten Grauens, dem unterm Signum von Gottverlassenheit noch "Abgrund des Sinnes" abdestilliert wäre, so zynisch wie jene negative Theologie, der alles implizit umso christlicher deucht, je prononciert indifferenter oder lästerlicher es sich gebärdet. Rationalisiert ist das Grauen, wo es wie nur zur Prüfung oder zur Geißel die innere Umkehr erzwingen will und als pestilente Heimsuchung eine Art kathartischer Existenzwäsche einleitet. "Im kulturellen Akt ist das Religiöse also substantiell; im religiösen Akt das Kulturelle formell." (*Paul Tillich*, a.a.O.) Dass mit Augustin auch die Sünde dient, hat immerhin das Wahre für sich, nach dem im Unendlichen jede Dissidenz gegen den Plan konvergiert.

Heute scheint die kulturelle Totalisierung, zum Symbol ihrer selbst krud kurzgeschlossen, nicht mehr detotalisierbar, seit unbedingter Gehalt als solcher von Kulturindustrie konditioniert ist, wie Unmittelbares seine Unmittelbarkeit nur über Vermittlungsbüros bezieht. Das Symbol ward übers Gleichnis in die Identität hereingeholt. Konfessionalisiert durch unvereinbare Kriterien bei der Selektion sakramentaler Symbole ist Theologie in die falsche Alternative gezwungen worden zwischen sakramentaler Indifferenz, die noch in die Folterkammern pantheistisches Licht schickt, und theokratischer Exklusivität des Offenbarungsträgers.

Die Selbsttotalisierung der kulturellen Synthese wirkt auf jede ihrer Partikel desakramentalisierend. Kultur hat sich gegen die progressive Freigabe kultischer Symbole sehr erfolgreich abgedichtet, wo deren Intention ihren Bannkreis durchbräche. Dabei scheint das sakramentale Tabu über den technischen Standard ihrer Praxis stärker als das über ihre Mythen. Sekten, einst Urvehikel eschatologischer Beschleunigung, die den Sakramenten das Sakrament verweigerten, fallen hinter den Symbolstandard der sichtbaren Volkskirchen noch weit zurück, weil das avanciertere Material der Kultur, ihre progressivsten Formen, sich weigern, andere als ästhetische Symbole zu liefern, deren Transzendenz, utopische Einheit von Theorie und Praxis, imaginär bleibt. Theorie, Ohnmacht und ihre Kompensation in eins, ist Praxis, Engagement ohne Gage, auch in dem bösen Sinn, dass ihr Verzicht auf Realität dem Weltlauf vorab in die Hände arbeitet, auch wo er entschuldbar scheint durch den Hohn, den Einsatz allemal dem guten Vorsatz spricht. Pascal machte sein berühmtes "Vous etes embarqués", das es ja unmöglich macht, gar nicht zu wetten, durch die abgründige Aussicht schmackhaft, es sei nichts zu verlieren für den, der auf die unbeweisbare Existenz Gottes setze. Das bleibt wahr, solange noch gegen ihn zu verteidigen ist, dass nichts gewinnt, wer darauf setzt oder angesetzt wird, was Pascal Zerstreuung und Marx Opium nannte, die inmitten aller Euphorie das Bewusstsein einer objektiv erbärmlichen Lage verhindern, wobei Hemingway auch Brot zum Opiat rechnete. Pascals Ablehnung der Welt samt ihres „moi haissable" durch ihre eigenen Formen hindurch nicht im Namen ihrer eigenen Möglichkeiten, sondern einer Ewigkeit, die nicht die ihre ist, laviert, wie *Lucien Goldmann* in „Pascal und Port-Royal" („Weltflucht und Politik", Neuwied/ Rhein 1967) gezeigt hat, vom „Mémorial" über die „Lettres Provinciales" zu den „Pensées", zwischen Racines „Phaidra" und „Athalja", um im nicht sehr salomonischen *omne vanum* von Port-Royal zu enden.

"Anthropomorphe Projektion" sakramentaler Dias auf die Tabula rasa des Numinosen wird verwechselt mit einer als anthropologisches Projekt aufgeklärten Religion, deren astralmythische oder institutionelle Produkte nach soziologischem Muster von Automatismen entlastend, nach kritischer Theorie aber entfremdend auf die Autonomie des Projektors zurückwirken. Je nach interessiertem Blickwinkel wird Spontaneität dabei von ihrem „champ de praticoinerte" (Sartre) absorbiert oder delegiert ihre formalanalytisch reproduzierbar gewordenen Routinefunktionen an institutionell verfestigte Materialisationen, um frei zu werden für "schöpferische Subjektivität". Setzt die Arbeitsteilung, von der es seine objektiven Dimensionen absättigen lässt, das Subjekt erst frei für seine Eigentlichkeit, die so über ihre Entfremdungen vermittelt wäre, oder religiert eine Institutionalisierung die Subjektivität selbst? Dieses wäre Apologie des Apparates, der mit ritualen Reproduzierbarkeiten am religiösen Bedürfnis sich deckte und die vergleichsweise harmlose Frage übrigließe, ob vorhandene Institutionen das je nach dem Standard der Produktivkräfte bereits Institutionalisierbare noch auffangen können oder religiöse "Dauerreflexion" keinen stabilisierenden Unterbau, keine Plattform administrativer Abstützung mehr findet. Verfehlt ist jeder Appell an Rückzug aus dem Apparat zum archaischen Viridarium, aus Spätzeitverknöcherung zum präzivilisatorischen *élan vital*, zu dessen Exil alles Objektive xenophob herhalten muss. Doch solange die Institutionalisierung ebenso verdinglicht wie alle Objektivität institutionell gerät, solange subjektive Flexibilität paranoisch aktiviert bleibt, angezogen im Bett lauert, dauernd auf dem Sprung zu der ontogenetischen Reaktivierung einer weniger ontologischen als phylogenetischen Verfolgungsangst, solange sie eine von Fixierung bedrohte Treibjagd auf Fixierung scheint, solange ist sie in keinem Gegenstand zu stillen, ohne ihn in die „verfolgte Verfolgung" mitzureißen, die weder Seditiöses noch Sedendäres wagen darf. Ein Stillstand, der nicht vom sprichwörtlichen Rückgang überrannt zu werden fürchten müsste, Rasten, das keinen Kruppstahl rosten ließe, machte den immensen atmosphärischen Druck erst spürbar, wo er genommen wäre.

Nach den Gehlen und Schelskys nun hält der Apparat von sich aus freundlich parat, was ihm doch, geschieht das einmal, abgezwungen wurde : instrumentelle Möglichkeiten sicherzustellen, ohne die nicht über ihn hinauszugehen wäre. Schwerlich verhinderte die Garantie deaktualisierter "Hintergrundserfüllung" inferiorisierter Bedürfnisse, auch religiöser, die De-aktualisierung von Bedürfnissen überhaupt. Der *fides qua creditur* wird als letztes Sakrament das geistigste Symbol, fast das Symbolisierte selbst, Sprache, angesonnen, die die "antiquierte Bedeutungsverschlossenheit" der tradierten Dogmen und Formen zum bloßen Kondensationskeim, zum provokanten Auslösesignal der unendlich in sich selbst potenzierten religiösen Spiritualität umfunktionieren soll. Chronisches Gespräch zwischen Duzbrüdern schafft soziale Verbindlichkeit zwischen den ewigen Konkurrenzpartnern.

Taktgefühl, Erbe der distanzierenden Höflichkeit, wird zur Taktik im Rahmen der Profitstrategie, zu Kontaktarmut oder zum Hochmut des Außenseiters, der sich vermisst, auf Innung zu pfeifen.

Die Dialektik, nach Hegels Wort an Goethe organisierter Widerspruchsgeist, erhebt aufhebenden Einspruch gegen monologische Widerspruchsfreiheit jeder Reflexionsbestimmung, die sich weigert, Identität mit Differenz zu identifizieren. Wo diese allzu behende im Anderen immer schon bei sich selbst ist, versteht Dialektik Freiheit anders als eine vom Widerspruch. Das amerikanische *search-for-identity* arbeitet dem fatalen Gerede von der Entfremdung in die Hände, aus der heimzuholen sei in primordiale Identität vor jeder Arbeitsteilung. In den "Pariser Manuskripten" von 1844 setzte Marx an Hegel weniger aus, er habe Geist seiner selbst überhaupt sich entfremden lassen, als dass Hegels "Bewusstsein" es gar nicht zu einem ihm Fremden bringe, auf halbem Wege bei sich stehen bleibe, bei „Dingheit" als idealler Bedingung jener Dinge, bis zu denen hinaus erst Marx die Reifikation auszuziehen wagte, ohne materielle Objektivität als solche schon zu dem Sündenfall zu perhorreszieren, in dessen Schatten die Welt alles ist, was der Abfall in die statt aus der Zeit ist.

Hegel hat den Geist weniger zu widerstehenden Gegenständen sich *entgeistern* lassen als zu halluzinatorischen Bildern an der Projektionswand seiner selbst, die überstürzte Reprise und Wiederinbesitznahme der dem Selbstbewusstsein entwischten Äußerungen desto glaubhafter zu machen. Der rhetorischen Geste verwandt, die, um bei keiner Festlegung ertappt zu werden, das Ausgedrückte immer schon zurückgenommen hat, eingedenk der Verwundbarkeit des vorbehaltlos Exponierten : Geist verdingt, veräußert sich, doch nur an sich selbst. Hegel habe unbedenklicher den Gedanken an seinen Gegenstand opfern sollen.

Denn nicht Selbstentäußerung ist schon die Entfremdung, gegen die es ja bei Hegel und Marx geht. Entfremdung des Selbstentäußerns selbst zum Veräußerten erst, gerade das Stilllegen der Bewegung seiner Objektivationen entfremdet das Selbstbewusstsein seiner genuin selbstentfremdenden Wesenstätigkeit, legt ihn aufs Eis der Gegenstände, die nur dann anfangen, ihm fremd zu werden, wenn es selbst aufhört, sich zu ihnen zu äußern. Anders verkehrt sich die Selbstvergegenständlichung des Bewusstseins in den cartesianischen Chorismos zwischen *res extensa* und jener *res cogitans*, die mit ihrer Widersacherin identisch wird, wo der Abstand zum Gegenstand, diesem selbst kommensurabel, Geist ausmacht, definiert und auslöscht zumal. Objektivation entfremdet sich also keinem hypostatischen Selbst, sondern erst Entfremdung von ihr, von individuierender Exaltation, hypostasiert ein punktuelles Selbst, dem seine Vergegenwärtigungen zum widerwärtigen *Etre-en-soi* koagulieren, das Sartre in "La Nausée" dem ebenso angewiderten wie ungetrübten Bewusstseinskristall des

Antoine Roquentin kontrastierte. Amerika hat die existenzialistische Nausea bereits exoterisch gemacht. Das Sein ist zu viel? Man reinigt sich von der Infektion, die sein Übermaß bereitet, durch jene Zerstörung, die im konsumhygienischen Genuss liegt. Das Loch im Seinsgewebe, als das Sartre Freiheit begreift, ist immer neu aufzureißen durch Leerung erdrückender Schaufenster und überbesetzter Marktlücken. Die transzendierende Befreiung vom Angriff der Ware, Freikauf vom ontologischen Überfluss, durch den Schneisen zu fressen sind, wird nicht länger bloßer *„conscience néantisante"* zugetraut. Die Desinfektionsarbeit übernimmt der freischaufelnde Verzehr, der die Entfremdung chimärisch einzieht.

Konsum kommuniziert.

Wenn es wahr ist, dass Dämonie kein Fehltritt ist, sondern ihre nichtige Positivität viel zu sehr geliebt wird, als dass sie Gott bitten könnte, nicht nur nicht angerechnet, sondern auch getilgt zu werden, dann darf die dämonische Defensive so wenig erlahmen in ihrer Anstrengung, das *stale mate* einzubalancieren, wie die verdrängte Welt nicht darauf verzichtet, dem solipsistischen Lynkeus aggressive Fratzen zu schneiden. Nach Kierkegaard ist sie Angst vor Ein- und Ausbruch von Offenbarung. Immer in Atem gehalten und davon ab, mit dem ungedeckten Rücken zur ausgeklammerten Realität auf ihr heimliches Gravitationszentrum zu starren, muss sie ihre Präventivwaffen mit dem oszillierenden Potential der „Widersachen" abwandeln. Diese spirituelle Gleichgültigkeit, von der Sartre anmerkt, sie sei von der ständigen Gegenwart eines hinter ihrem Rücken schweifenden Blickes beunruhigt und aus dem ataraxistischen Konzept zu bringen, ist von dessen naturalistischen Fermenten infiltriert und unterwandert. Rache, die mit asketischer Nichtachtung das Leben magisch für seine

Frustrationen straft, ist Dämonie ihre eigene Strafe, in Konsequenz ihrer Perfektion dialektisch ihre kristalline Reinheit selbst trüben zu müssen mit einer Extraneität, der zu entgehen sie sich gerade gewählt hat. Das ausgeblendete Desubjektifikat wird durch die Exklusion nicht transparent, sondern empfängt im Gegenteil daraus seine blinde Irreluzenz.

Die in sich kreisende, abgeschliffene Selbstidentität des Heiligen ist der pure Doppelgänger der stummen Selbstkoinzidenz seiner Säule. Einzufangen sind die *Objektionen*, deren *Objektitäten* das Eigenleben des Toten gewinnen, nur durch rituelle Wiederholung von Husserls „Epoché", die mit Feinschnitten den unprognostizierbarsten Metamorphosen zuvorkommt, um nicht aus dem Hinterhalt durch einen Hakenschlag des Realen überrascht zu werden. In Hans Erich Nossacks Erzählung "Die Schalttafel" lenkt der Student Schneider den argwöhnischen Lichtkegel der Zumutungen von sich ab durch geheuchelte Botmäßigkeit, die das Einverständnis noch ironisch übertreibt, um die Grenze nach innen definierbar zu halten, und von wirklicher Willfährigkeit schließlich nicht mehr zu trennen ist : Der Heilige bleibt auf dem Laufenden. Die Scheinbesetzung der fahrengelassenen Objekte gibt sich dem verabsolutierten Probehandeln eines mikrologischen Lebens hin, und die Rückzugsgebärde stößt dabei nicht ins Leere, sondern weiß sich abgefangen durch ein vorgepolstertes Reservat. Doch das Subjekt wird seiner Subjektivität nur soweit froh, wie es die Objektitäten fürchtet, in die es sich selbst verwandelt.

Es richtet sich unwohnlich ein in der Oszillation zwischen einer Abwehrgeste, die ihre Anwesenheit in der Welt, die sie abwehrt, leugnet, und dem Juckreiz, der es nicht bei sich aushält, weil er die Ewigkeiten des weltlichen Nichts und des dämonischen Alls zu interpolieren hat. Das leere Sausen der heiligen Innerlichkeit insistiert hartnäckig auf sein Recht, als verneinender Schritt zurück vor der Welt sich definieren zu dürfen, vor ihrer *deontologischen Ontologie*, und nichts als die inerte Aufrechterhaltung dieser Wahl zu sein. Der Gedanke stellt sich zur Wirklichkeit tot und muss wie Kierkegaard Gott zitieren zum Garanten des okkasionalistischen Augenblicks, der einen Stromstoß in den dämonischen Herzmuskel jagt. Kierkegaard empfiehlt Dramatikern einen Herrscher, der Mitwisser seines einsamen Geheimnisses braucht und Macht hat, sie nach Ablegen seines Geständnisses umzubringen. Zerknirschung, die aus dem Kontakt mit unreiner Dinglichkeit heraus in sich geht, ist die Sünde selbst, deren Sanierung sie einleiten will, folgt nur der zentripetalen Kontraktion der Dinge, die erkaltend in ihre sanierte Selbstkoinzidenz sich verkriechen.

Adorno machte es ja allgemeingültig, dass es weniger auf das Allgemeingültige ankomme als im Gegenteil auf das ganz Besondere, das sich dem Zugriff der Allgemeinbegriffe entzieht. Das Allgemeine sei das nur Durchschnittliche, das dem einsam Einzelnen seine Einzigartigkeit abschneide, indem es Individuen nur miteinander vergleiche im Hinblick auf kleinste gemeinsame Nenner, über deren Kamm es sie schere und in deren gleiches Boot es sie setze. Ihr allgemeines Wesen bringe alle Wesen um ihr unverwechselbar Eigenes und ihre unreduzierbare Unaustauschbarkeit. Adornos Paradox besteht darin, gerade das wesentlich Außerbegriffliche auf seinen Begriff zu bringen und die generelle *Nichtidentität* des Generellen und des Singulären zu identifizieren. Adorno subsumiert eher die Subsumtion der Natur unter den Geist wieder zurück unter die Natur, die sie nachahmt und überbieten will. Das Sub-jekt unterwirft sich freiwillig wieder dem Objekt, das es sich unterworfen hat, um Herr über seine Herrschaft über innere und äußere Natur zu werden. Das Ich, das alles beherrscht, muss lernen, sich selbst zu beherrschen, d.h. Herr über seine prätendierte Allmacht zu werden. Herrscht das Subjekt über die ganze Natur, dann auch über seine eigene, die darin besteht, alles zu beherrschen.

Besonders sind in aller Selbstbeherrschung Herr und Knecht nicht identisch. Der Inbegriff von allem ist selbst kein Teil des Alls, das er begreift. Ich kann mich selbst begreifen als einer unter anderen, aber nicht als den, der alle begreift samt seiner selbst im Besonderen. Kant fasste diese Nichtidentität als den Dualismus zwischen empirischem und intelligiblem Charakter. – Bertrand Russell formalisierte die Aporien der Selbstreflexibilität in seinen „Principia mathematica" (1912), indem er Begriff und Objekt als verschiedene logische Typen begriff. Keine Menge von Individuen enthalte sich selbst als Element, sondern nur als Teilmenge, und die Klasse seiner Objekte müsse komplett vorliegen, ehe ihr Begriff gebildet werde, der nicht selbst unter seine Gegenstände fallen dürfe. Nun ist eine Aussage aber erst 'wahr', sofern sie identisch ist mit dem Sachverhalt, über den sie spricht: „Dasselbe nämlich sind Denken und Sein." *(Parmenides)*. Man kennt Kants Lösung dieser Frage: Das Subjekt identifiziert das Objekt als sein(e) Projekt(ion) und bleibt nichtidentisch mit dem 'Ding an sich'. Adam *erkennt* Eva, nicht aber ihr 'Ding-an-sich'. Die Erkenntnis der Natur nötigt diese, dem Bilde zu gleichen, das der Erkennende sich von ihr macht, indem er sie auf seinen Leib zuschneidet. Nicht die Erkennenden als Individuen, sondern als Gattung vergewaltigen die Individuen in ihrer sinnlichen Mannigfaltigkeit zur Vereinigung mit dem einzigen Erkenntnissubjekt, der *idealen Forschungsgemeinschaft* als transzendentalem Subjekt. An sich selbst bleibt Mutter Natur 'unerkennbar' transzendent für den transzendentalen Ödipus. und das sinnlich Gegebene an sich an den Vater im Himmel mit seinem *intuitus originarius* vergeben.

Wer mit Mutter Natur eins bleibt, wird kastriert, büßt sein ganz Besonderes ein. Die Einheit mit dem großen Ganzen wird bezahlt mit dem Verlust der Lust am Eigensten, einem unscheinbar Geringen, das alles sei, wie Adorno betont. Freud zählt den Phallus unter die Kategorie des 'Kleinen'. Der Begriff von Mutter Natur, der konterkariert, wie einst diese meinen Begriff von ihr (in sich und unter sich) begriff, ist jenes ursprünglich Kleine, das sich aufspreizt und darauf versteift, seinerseits die Natur so zu entmannen, wie es von ihr zuvor entmannt wurde. Die Natur kastrieren kann dann nur noch heißen, sie als immer schon kastriert zu erkennen, und der Begriff kastriert den Begreifenden selbst. Menschen fallen eher unter ihre eigenen Begriffe, als dass sie begreifen. Natur wird von ihrem avanciertesten und exaltiertesten Produkt gegriffen und angegriffen, Menschen inbegriffen.

Adorno wollte 'das ganz Andere' und Nimmergleiche, auch den „Ganz-Anderen" (Karl Barth) im Himmel auf Erden. 'Anderes' ist etymologisch das mit Diesem hier entzweite Jene dort (das dem deshalb ähnlich bleibt, wo es mit ihm bricht und umgekehrt), das Zweite, welches dann das Erste sein wird, laut *Buch der Bücher*. Es kommt zeitlich zuerst und ist erstklassig zugleich. Das und der Einzelne im Gegensatz zum Allgemeinen, von dem es ausgeschlossen wird und sich selbst ausschließt in seiner Einzigartigkeit, ist kein nur beliebiges Belegexemplar seines Oberbegriffs, sondern bildet eine 'Klasse für sich', deren einziger Bestandteil es darstellt, eins weder mit sich noch mit anderem. Es ändert sich, indem es selbst das Andere wird. Das ganz Andere als ganz Besonderes ist nicht das nur gleich-gültig Verschiedene voneinander, nicht nur eines unter anderen, sondern ausgezeichnet – vor anderen. Und es ist ausgezeichnet, sofern es sich ausgezeichnet hat vor anderen : Es kann mehr. Kunst kommt von Können, sagt der *bon sens*. Und es gibt keine reale Möglichkeit ohne wirkliches, wirksam werkliches Vermögen.

Ich bin anders als du. Du bist anders als ich. Also bin ich anders als ich selbst. Also bin ich vielleicht (wie) du?

Besondere Eigenschaften und -heiten müssen mich geeignet machen, andere, die sich unter-einander in allen anderen Hinsichten voneinander unterscheiden mögen, darin gleichzuschalten, dass sie nicht ich sind. Ich kann etwas, was ihr nicht könnt, und diese meine Kunst macht euch alle einander gleich, also zu jenen, die das nicht können. Einer macht die anderen zur Einheit jener, die das hier nicht beherrschen. Der beliebige Unterschied wird zum ganz Besonderen erst durch das Vermögen, eine Allgemeinheit herzustellen, die Gemeinsamkeit derer, welche darin übereinstimmen, nicht zu können, was ich kann, also nicht ich zu sein.

Das Sein ist dann Produkt der Tat, nicht diese der Ausfluss von jenem. Die Tat ist dann Ausfluss eines Seins, welches Produkt der Tat ist. Dann verbindet die Mitglieder einer Allgemeinheit ein grundlegender Mangel, der sie hindert, das Besondere als Absonderlichkeit auszusondern.

Der ewig kränkelnde Marcel ist anders als die anderen, eher weniger als mehr. Als lebensuntüchtiger Snob findet er sich ausgegrenzt aus dem herrschend Allgemeingültigen. Erst vor seiner Eigenschaft als Verfasser der „Recherche" wird dieselbe Allgemeinheit, die ihn gerade noch entwertet hat, zu einem alle

verbindenden Defizit, das all ihre sonstigen Differenzen überformt und sie in denselben Topf wirft, nicht
Proust zu sein. Der als nichtidentisch Identifizierte
identifiziert seinerseits seine Identifikateure und hat
plötzlich einen Begriff von dem Begriff, den man sich
von ihm macht – gerade kraft dessen, was an ihm
unbegreiflich ist. Genauer : Unbegreiflich an ihm ist
gerade der Begriff, den er sich von dem Begriff
macht, der von ihm gemacht wird. Er begreift sein
Begriffensein durch jene, die eben sein Sie-begreifen
nicht ebenso gut begreifen. Wodurch ich mehr und
anders bin als euer Begriff von mir, ist mein Begriff
sowohl von euch als auch von eurem Begriff von mir
(samt meinem Begriff von ... etc.). Stimmen alle nicht
nur darin überein, dass jeder anders als jeder andere,
sondern auch und vor allem darin, nicht (wie) ich zu
sein, ist mein Begriff von ihnen gerade nicht identisch
mit ihnen. Das Besondere an mir, das nicht in ihrem
Begriff von mir aufgeht, ist mein Begriff von ihnen,
nicht ein Stück blinder Natur und sinnlich Sinnloses.
Ich identifiziere sie alle, indem ich sie miteinander
identifiziere als nicht identisch mit mir, und ich bin
genau diese Nichtidentität, diese spezifische Differenz
zur Einheit aller : ein Einzelner als Einziger. Nur einer, wenigstens einer, mindestens einer, ist dann das
seltsam Seltene, das sonderbar bis absonderlich Besondere, das extra ordinäre Außerordentliche und
einsam Ungemeine.
    Weniger ist mehr. Die Kunst besteht darin,
defiziente Allgemeinheiten zu produzieren durch etwas gerade ganz Besonderes, nicht nur gleich-gültig
Anderes, Allgemein-gültiges. Der 'Fähige' ist etymologisch der 'Fangende', der imstande ist zu er-fassen,
was ihn packt (an der Gurgel), der be-greift, was ihn
er-greift wie einen Untäter, der sich darauf versteht zu
verstehen, der Empfängliche, der begabt ist, (Auf)Ge-

gebenes zu ver-nehmen und geschickt genug, sein eigenes Schicksal zu sein. Nun ist es gerade nichts Besonderes, etwas Besonderes zu sein : Alle gleich, jeder anders. Jeder ist anders als jeder andere. Und ich bin auf andere Weise anders, als du anders bist als jener. Bloß anders zu sein ist gerade nichts Besonders, ohne dass deshalb das Besondere nun darin bestünde, wie alle anderen zu sein.

Die „spezifische Differenz" kommt in das Immer-gleiche durch innere Differenzierung, durch Nachbildung jener Unterschiede in mir selbst, aus denen die anderen bestehen. Unterscheide ich mich so von mir selbst, wie die anderen sich voneinander unterscheiden, bin ich bereits von ihnen unterschieden, *„anima quodammodo omnia"*. Gott ist der Inbegriff dessen, der alles (in und unter sich) begreift, und durch nichts seinerseits begriffen wird (in seinem Begreifen). Das Urteil ist die Ur-teilung von Subjekt und Objekt, eine Distanzierung durch Subsumtion und umgekehrt. Alle Begriffe, unter deren jeden ich falle, fallen unter mich als ihren Inbegriff. Ich bin Inbegriff aller Begriffe, unter die ich subsumierbar bin. Der Existenzialismus ist ein Essentialismus : Schaffe ich mein eigenes Wesen, indem ich das der anderen schaffe? Ich bin einer u.a. in Bezug auf eurem Begriff von mir, aber dieser Begriff ist selber einer u.a. nur. Arbeitsteilung, das sind die spezifischen Differenzen innerhalb derselben vorgegebenen Totalität. Teil am großen Ganzen habe ich gerade durch das, wodurch ich anders bin und anderes kann als die anderen. Gegenteil der besonderen Ganzheit werde ich erst, wo mein Beitrag nicht sinnvoll, d.h. geeignet ist, dieses Ganze herzustellen.

Muss ich *all-es all-ein* können, jenseits der Arbeitsteilung, wenn ich andere nicht funktional für je mein besonderes Ganzes einspannen und zwangsver-

110

pflichten kann? Das Besondere, welches das Ganze ganz überschreitet, will jenes Ganze sein, welches das transzendierte und damit partikularisierte Ganze nun seinerseits zu einer aussonderbaren Absonderlichkeit herabsetzt.

Die Gegenteile bleiben Teile eines Ganzen. Transzendenz ist Negation, aber Negation ist nicht schon immer Transzendenz. Oder bleibt gerade das Überschreiten als Übertreffen an das gebunden, was es hinter und unter sich lässt? Das bloße Mehr oder Weniger desselben bleibt doch in dessen Bannkreis, oder gibt es hier so etwas wie ein 'Umschlagen der Quantität in neue Qualität'? Wer andere besser als andere übers Ohr hauen kann, haut schließlich immer noch und erst recht übers Ohr. Kommt es also weniger darauf an, ein Spiel zu gewinnen, als das Spiel für sich zu entscheiden und im Wettkampf der Spielarten zu siegen? Es gibt ja wirtschaftliche, politische, soziale, wissenschaftliche, technische Arenen, in deren jeder Preise winken. Wieso soll z.B. Literatur oder Philosophie diesen eine Niederlage bereiten? Muss ich nun, um zu gewinnen, der größte Denker sein oder überhaupt nur philosophieren, um schon den Besten aller anderen Disziplinen voraus zu sein? Und wenn gerade Kultur der Wettstreit um die Priorität der Künste wäre? Hegel hat Philosophie ja so verstanden wissen wollen. Das öffnet dem Ressentiment natürlich Tür und Tor : Ich nenne das Spiel, das ich nicht beherrsche, einfach ein Scheißspiel und ernenne meine zufällige Lieblingssportart zur Mutter aller Disziplinen und zum Spiel aller Spiele. Philosophie untersucht mein Recht dazu.

Von Kants Einsicht, daß Ich zwar auch „an sich" und freier Wille sei, gingen deutsche Existenzphilosophen aus, als ließe sich überhaupt denken ohne die Idee, daß

Gott eine 'regulative Idee' wissenschaftlicher Arbeitshypothesen sei. Das 'Ding an sich' enthüllt sich als ebenso widersprüchliche wie unerkennbare Idee von intelligiblem Ich, Gott und die Welt. Der nachfolgende deutsche Idealismus hat nicht nur die 'Selbstgesetzgebung der Vernunft' christlich verinnerlicht, sondern so wenig wie das Christentum am strengen Monotheismus festgehalten. – Schelling und Hegel haben Gott und Mensch, den einen Schöpfer und die vielfältige Schöpfung, die mannigfaltigen Objekte und ihren einen Inbegriff, blasphemisch vermischt zur dialektischen Trinität von ansichseiendem Vater, fürsichseiendem Sohn und anundfürsichseiendem Geist. Was sie Geist nannten, war die vorzeitliche Vermählung von Göttern und Menschen aus *Genesis 6,4*. Geistreich war Hegel stets beim Übergang nicht von der Antithese zur Synthese, sondern von der Synthese zur neuen These. Wenn der Geist der „Phänomenologie" (1807) ein bloßer Schädelknochen ist, dann ist ein Knochen ebenso geistreich geworden, wie „das Organ der Zeugung das Organ des Pissens" ist, und die christliche Fleischwerdung Gottes gehe hervor aus der komischen Ironie des aristophanischen Komödianten : Jesus sei in Wirklichkeit Gott ebenso, wie in der erhabenen Maske des Tragöden nur der allzu gewöhnliche Sterbliche stecke.

Seit Kant wird die Metaphysik totgesagt, weil sie vom Transzendentalen nicht ohne Transzendenz spricht. Kant hat den 'Schulbegriff der Philosophie' zu Ende gedacht und nicht mehr überschritten. Wo er endet, beginnt die Bibel deren Weltbegriff, den Übergang von der vernünftigen Apriorität zur empirischen Realität, die Philosophie des Übergangs von der Philosophie zur Welt und zurück.

Kant und die Folgen. Kategorische Gotteseinzigkeit und Weltvielfalt spiegeln sich in kategorialer Verstandeseinheit und sinnlicher Mannigfaltigkeit. Kants Sittengesetz war schon selbst jenes Naturgesetz, gegen das ein Fichte es fälschlich mobilisierte, indem er Gott mit dem intelligiblen Ich vermischte. Kant war kein überzeugter Christ und verstand seinen Idealismus im Unterschied zu seinen Nachfolgern auch nicht als Philosophie des Protestantismus. Das Reich Gottes ist noch nicht angebrochen : Die Nichtidentität von Ding-an-sich und Erscheinung, Gott und Welt, empirischem und intelligiblem Ich, Verstand und Sinnlichkeit, Causalität der Natur und der Freiheit sind die Bedingungen der Notwendigkeit des göttlichen Gesetzes. Diese „Nichtidentität" ließe sich auch als eine Klassendifferenz deuten. Wenn Adornos Vermutung zutrifft, daß sich in Kants 'intelligiblem Ich' die menschliche Gesellschaft idealistisch chiffriert, dann haben die Herren transzendental-apriorisch immer schon über die Welt bestimmt, von der sich der 'interne Realismus' (Hilary Putnam) der Knechte dann ganz empirisch aposteriori bestimmen läßt. − Gegen Marxens, Blochs und Heideggers Rückgriffe auf Schelling, gegen Schellings Rückgriff auf Spinozas urmütterliche Natursubstanz, an Kant vorbei und gegen Fichtes Subjektivismus, wäre dasselbe einzuwenden, was biblisch gegen Spinoza schon häufig vorgebracht worden war. Schelling machte aus Spinozas blasphemischem 'Deus sive natura' nur eine fruchtbare *natura naturans in Deo* und verlegte den Schöpfer nicht in seine Schöpfung, sondern umgekehrt die Schöpfung in den Schöpfer selbst. Bei Schelling vereinigte sich die spinozistisch-gnostische Vereinigung von Gottvater und Mutter Natur mit christlicher Vereinigung von Vatergott und Menschensohn zu dem protestantischen Neopaganismus von heute.

Der naturbeherrschende Geist ist bei Schelling zur zweiten Natur geworden und wird bei Marx wie die erste Natur bearbeitet. Die Naturalisierung Gottes führt nur zur Vergötterung der Natur, und das Schöpferische der Schöpfung ohne Schöpfer wird bei Marx zur Erzeugung von Lebensmitteln als die Zeugungsmittel des Lebens. Bei Hegel „gebiert der Sohn die Mutter, der Geist die Natur", kritisierte Marx, bei dem wie bei allen Mater-ialisten das Menschenkind zwar von Mutter Natur, aber ohne Vater gezeugt wird. Die calvinistische Selbsterzeugung des Menschen durch Arbeit hatte der Protestant Marx vom Protestanten Hegel unbefragt übernommen, und Adorno fürchtete, der Marxismus mache erst die Welt zu einem vollendeten „Arbeitshaus". Das „empirische Ich" ist der „Naturcausalität" des Gesetzes völlig unterworfen. Der Schöpfer gibt seinem Geschöpf das Gesetz, sich sein eigenes Gesetz selbst zu geben, und das „intelligible Ich" kann sich sein Gesetz nicht selbst geben, ohne das Gottesgesetz zu erfüllen, die konkreten, allgemeingültigen und genuin vernünftigen Rahmenbedingungen der Möglichkeit individueller Selbstbestimmung. − Die Gretchenfrage, wie es einer mit dem „kategorischen Imperativ" hält, wäre als Tiefenkriterium für philosophischen A(nti)theismus gar nicht so unbrauchbar.

Was in der Bibel objektives Naturgesetz ist, wurde beim Pietisten Kant zum subjektiven „Sittengesetz" verinnerlicht. „Handle so, als ob die Maxime deiner Handlung durch deinen Willen zum *Allgemeinen Naturgesetz* werden sollte." („Grundlegung zur Metaphysik der Sitten", Stuttgart 1978, S. 68). Hegel reagierte auf Kants „kategorischen Imperativ" nicht viel anders als Luther auf das Gesetz Gottes : es sei unerfüllbar und ein nur im „schlecht Unendlichen" erreichbares Ideal. Dagegen sagt die Bibel : „Das Gesetz, das ich euch heute gebe, ist nicht zu schwer für euch und auch nicht unerreichbar fern. Es schwebt nicht über den Wolken, ... es ist auch nicht am Ende der Welt..." (Deuteronomium 30, 11-13). Die Theisten verstehen es als ein Joch, das vom härteren Tyrannenjoch befreit. Hegel mißverstand als moralisches Plansoll, was als objektives Naturgesetz gedacht ist, das ja auch nicht ungestraft mißachtet wird.

Hegel ersetzte Kants „moralische Weltanschauung" durch die christliche Toleranz zwischen Macht und Geist. Das Absolute sei die Absolution, die die 'schöne Seele' des Romantikers Novalis und der krude (Un-) Tatmensch Napoleon einander gewähren. Mit diesem historischen Opportunismus endete die Moral der „Phänomenologie des Geistes" kurz vor dem Dreischritt Marsch von Kunst, protestantischer Religion und idealistischer Philosophie. Kants Gesetz mache Gott zur Mohrrübe, die unerreichbar vor dem Esel baumle, der den Wagen ziehe. Hegels Esel zieht den Karren nur aus dem Dreck, wenn er diese Rübe Stück für Stück auffressen darf. Kants Gesetzesfestigkeit wird von Deutschen als preußischer Rigorismus kritisiert, Hegels Relativismus aber als vernünftiger Realismus gefeiert. Aus dem Begriff des Wahren, Guten, Schönen und Heiligen folgt bei Hegel auch schon dessen reale Existenz, bei Kant nicht. Hegel widerspricht sich, wo er das „ganze Nest gedankenloser Widersprüche", die er in Kants Sittengesetz entdecken will, gerade nicht wie sonst in seinem System zum Siegel der ganzen Wahrheit erhebt. Die Sittlichkeit brauche bei Kant die Sinnlichkeit, die sie aufheben wolle, wie die Polizei das Verbrechen brauche, das sie gleichzeitig verfolge und neu erzeuge. Hegel vergaß, daß die unsterbliche Seele noch einen unaufhebbaren Körper hat. Wer seinen eigenen Körper 'aufhebt', braucht kein biblisches Gesetz, und wer es erfüllt hat, hat keinen Körper mehr, sagt der Christ Hegel ganz zu Recht.

„Es ist vollbracht" : Bei Protestant Hegel sind Sein und Bewußtsein in Gottes Sohn systematisch versöhnt durch alle Bereiche des Universums hindurch. Sein und Bewußtsein sind dagegen noch nicht identisch für Adorno und sein aphoristisches Ideenfragment in den „Minima Moralia" : „Das Ganze ist das Unwahre". Durch seine aphoristisch „bestimmte Negation" des Hegelschen Systems kehrte er aber zu Kant nur zurück, um in dessen Sittengesetz und „Gewissen" die Stimme Big Brothers mißzuverstehen. Adornos Kritik an Kant ist dort triftig, wo er das unidentifizierbare „Ding an sich" gegen Hegels Totalitarismus des absoluten Ich verteidigt, und wird dort falsch, wo er durch Kants „praktische Vernunft" hindurch das Gesetz Gottes angreift. Adorno erkannte im Heiligen Geist nicht den Herrn über die Herren der Welt wieder, sondern nur einen Super-Diktator, und im Gesetz Gottes das Gesetz des Dschungels. Wo es gegen das altbiblische Gesetz geht, ging Adorno sogar mit seinem Intimfeind Heidegger ganz d'accord. – „Die Subjektivität ist die Wahrheit" : Der protestantische Dialektiker Kierkegaard sah im objektiven Naturgesetz der Bibel nur noch die objektivistische Selbstentfremdung statt die allgemeine Bedingung individueller Selbstbestimmung. Die geforderte Allgemeingültigkeit der Individualität war für ihn ein Hindernis und kein Konstituens des Individuums.

Der 23jährige Hegel begann seine schriftstellerische Karriere mit der Verteidigung der „Volksreligion" gegen die Theologie der Gelehrten. Als Kern dieser Religion glaubte er die „praktische Vernunft" erkannt zu haben, welche von Kant auf den philosophischen Begriff gebracht und zugleich den Gelehrten ausgeliefert worden war.

Gegen Kant erkannte Hegel die Liebe als das wichtigste moralische Gefühl (an). Das Wesen der Religion sei Moral, also Kants „praktische Vernunft", und Liebe sei durchaus die Urempfindung sinnlicher Uneigennützigkeit, die Kant als sittliche Triebfeder verachtet hatte. Das Wesen der Religion sei Sittlichkeit und das moralische Grundgefühl die Liebe. Für den jüngsten Hegel ist Volksreligion die Synthese aus der moralischen Allgemeingültigkeit und der sexuellen Liebe zum ganz anderen Geschlecht. Diese eheliche Gattenliebe ist ihm die Ur-Einheit in der Antithese von Mythos und Eros, von Sinnlichkeit und Sittlichkeit. In der Familie sei das Sittliche unmittelbar sinnlich und das Sinnliche ebenso unmittelbar sittlich.

Das Wesen der Liebe, in der es mir um den anderen geht, wenn es mir um mich selbst geht, und in der es mir um mich selbst geht, indem es mir um den anderen als solchen geht, ist für den Berner Hegel von 1793 schon die Familie, die dialektische Triade von Vater, Mutter und Kind, und diese Familie ist ihm die sittliche Synthese von bloß äußerlicher Legalität und bloß innerlicher Moralität, von Gesetz und Gesinnung, von Dürfen und Sollen, von Recht und Güte. Und Hegel sieht durchaus, daß die Familie der moralische Kern nicht für Christus gewesen ist, in dem Hegel gleichwohl die „absolute Idee" verkörpert findet, die „Versöhnung von Gott und Welt". Der Christ hebe die Familie gut auf im Staate und mache keine Gesellschaft umgekehrt zur Keimzelle der Familie. Für Hegel ist von Anfang an der Vater im Himmel nur in Vater Staat gut aufgehoben; nur dort entfalte er nicht den Tugendterror der Mutter Kirche und ihrer Priester.

Literarisch begann Hegel als 23jähriger mit Überlegungen zur „Volksreligion" – diesseits jeder gelehrten Theologie und Staatskirche. Gott ist ihm nur Sanktionsgewalt für die Exekutive des moralischen Gesetzes. Die Sittlichkeit der Volksreligion knüpfe an bei sinnlicher Liebe, dem ersten nicht nur egoistischen Gefühl. Mit der reinen Vernunft habe diese Liebe immerhin die Betonung der Allgemeinheit in der Verschiedenheit gemeinsam und die ungeglättete Vielheit in der Einheit. Mann und Weib ein Leib : das ist für den jungen Hegel die dialektische Urform überindividueller Allgemeinheit.

Das biblische Gesetz verliert viel von seinem vielgerügten Zeremonialformalismus, wenn darin die vielen Formen des Inzesttabus erkannt werden können. Was ist der Bund mit dem himmlischen Vater anderes als ein Beistandspakt gegen die Versuchungen des Menschenkindes, in den Mutterleib der Natur zurückzudrängen und auf dem Weg dorthin zurück über die Leiche des Vaters zu gehen, statt selbst einer zu werden im Bunde mit einem anderen Weibe als der eigenen Mutter? Hegel konnte den Unterschied zwischen Gott und Jesus nur sehen als Unterschied zwischen Gehorsam und Gewissen, zwischen menschlicher Gesetzeserfüllung und Selbstgewißheit. In der biblischen Theorie nicht nur die blanke Unvernunft, Widervernunft und Widernatur verherrlicht zu finden, sondern eher einen ganz anderen Rationalitätstyp wiederentdecken zu dürfen, bleibt einer ungewissen Zukunft vorbehalten.

Ist z. B. die 'patriarchalische' Unterdrückung der Frauen biblisch gerechtfertigt? Die Gebote beziehen sich darauf, mit Hilfe des Vaters erwachsen zu werden, die Verbote darauf, zurück zu den Müttern zu steigen. Das

Gesetz Gottes ist rational als Gesetz der Überwindung des menschlichen Ödipuskomplexes, und da diese Überwindung eben für Männer schwieriger scheint als für Frauen, gilt es als ein patriarchalisches Gesetz. Der Frau ist geholfen, wenn ihrem Mann geholfen ist, diesen Komplex aufzulassen. Das Gesetz Gottes weist den Weg, wie der Jüngling sein Vater werden kann, ohne ihn zu töten, und sich mit dem anderen Geschlecht vereinigt, ohne in den Schoß der eigenen Mutter zurückzukehren als ein Säugling oder Embryo. Der Mensch soll nicht in den Samen zurück, aus dem er kommt; die Zeit ist unumkehrbar und der Lebenslauf kein Kreislauf. Brüderlichkeitsgebote, Blutschandeverbote, Reinheitsvorschriften und Speiseordnungen zielen auf den verschiedensten Ebenen des Lebens darauf ab, die Vermischungen mit tierischen oder gar toten Stufen der Mutter Natur zu unterbinden und zu verhüten. Das gottväterliche Gesetz ist eine Geburtshilfe und kein Empfängnisverhütungswissen. Von der Vertreibung aus dem Mutterleibparadies der Natur, vom Sündenfall also, bis daß ihr werdet wie euer Vater im Himmel, gereinigt von aller Kontamination mit den astralsiderischen, mineralischen, vegetativen und animalischen Ebenen der Mutter Erde und den in ihrem Bauche beerdigten Toten, besteht das ewige Leben in der Zeugung mit der schönen Fremden jenseits der eigenen Mama, in der und an der wir alle so gern „zum Grunde" gehen wollen. Die Bibel erkennt die Todeswünsche in dem, was wir gern als unseren Lebenshunger erleben, und umgekehrt.

Einerseits nun sieht Hegel die „schöne Sittlichkeit" eher in der Familie realisiert als im *Tugendterror der schönen Seelen*, aber andererseits eher im Athen der jungen Homoeroten als im Zion der alten Patriarchen.

119

Das erstere zerfiel im heidnischen Rom und das zweite im christlichen Rom. Hegel genügt es nicht, daß der menschliche mit dem göttlichen Willen eins wird; er will, daß der Mensch selbst Gott wird, indem Gott selbst Mensch wird. Er erkennt nicht die menschliche Vernunft im göttlichen Willen und nicht den menschlichen Willen im göttlichen Wissen : Ebenbildlichkeit.

Der Mensch kann sich allerdings dieses Gesetz nicht selbst geben, solange seine Vernunft theoretisch bleibt. Aber 'praktische Vernunft' ist Synthesis von Theorie und Erfahrung. Hegel selbst hatte ja den bloßen Formalismus von Kants praktischer Vernunft kritisiert im Namen familiärer Sittlichkeit statt im Namen mönchischer Heiligkeit. Die wahre Vernunft ist für Hegel Synthesis : der neue Erdenbürger aus der Verbindung des Ewigweiblichen und Ewigmännlichen. Dieser neue Erdenbürger ist für Hegel der Menschensohn aus der Ehe von Gottvater und Mutter Erde, obwohl diese christliche Synthese von Vatergott und heidnischen Muttergottheiten nicht selbst wieder die neue These für eine neue Antithese wird, obwohl also dieser Gottessohn nicht selbst wieder Vater neuer Geschlechter, sondern nur Meister neuer Jünger wird (die Eltern, Gatten und Kinder verlassen, um ihm zu folgen um des Himmelreiches willen) und der Sohnesgatte und *mystische Leib* einer Mutter Kirche von vielen Brüdern.

Hegels dialektische Triade endet in christlicher Trinität; nach dem Reich des Vaters und dem Reich des Sohnes kommt das Dritte Reich der Mutter Natur (die mit Mutter Kirche zusammenfällt), für die alle kämpfen, um selig in ihr „zum Grunde" zu gehen. Hegel mußte den Geist der Zeugung des Lebens schon nur zur Hälfte begriffen haben, damit Marx ihn durch den Geist der Erzeugung von Lebensmitteln aufheben konnte, ohne daß aus diesen Hälften jemals wieder das wahre Ganze zusammenzustückeln war. „Atheismus im Christentum"? Bloch verteidigte „Jesus Menschensohn" (Rudolf Augstein) gegen den „Kyrios Christus", indem er im Herrgott den Vatergott und in Gottvater den bloßen Herr-Gott angriff. Daß Gott als „Vater" des Menschengeschlechts auftrete, mache ihn zum Großtyrannen.

Aber was könnte der allerbeste Feminismus, wenn er mehr wäre als die Abschaffung der Männer, den Frauen Besseres bescheren als erwachsene Männer, und nichts anderes beschert ihnen ein Patriarchat. Das Patriarchat will die Frauen nicht unterdrückt sehen durch dumme Jungen; es macht diese dummen Jungen zu ganzen Männern, damit sie in ihren Frauen nicht ihre Mütter quälen und anbeten. *Das Patriarchat ist der wahre Feminismus*, und der Feminismus, der diese Utopie bekämpft, verhindert die weibliche Emanzipation, da er die Söhne hindert, an Frauen Männer zu werden. Schon bei Hegel ist einiges verschmiert. Die Einheit des Menschenkindes mit dem Vater im Himmel ist so gut wie eins mit der Einheit mit Mutter Natur. („Das geht aber nicht", schrieb der Stiftsbruder Hölderlin später.) Getreu dem Sündenfallmythos und seiner guten philosophischen Rechtfertigung bei Hegel hätte er den Heiligen Geist der Identität von Gottvater und Sohn deutlicher fassen müssen als gemeinsame Nichtidentität mit Mutter Natur. So verkauft er das Gesetzlose als das Liebevolle und das bloß Unverständliche als das Vernünftige, Geistvolle und Selbstverständliche. Ein Adorno hat es zu Recht betont, aber das Kind mit dem Bad ausgeschüttet, als er auch die Notwendigkeit ewiger „Nichtidentität" mit diesem Vater und seinem 'Realitätsprinzip' lehrte. Gegen Adorno und Hegel ist gut biblisch festzuhalten : Es geht um Einheit, aber progressiv mit dem Vater, nicht regressiv mit der Mutter. Anders gesagt : Es geht allerdings um (männliche) Identität, aber um Vereinigung erotisch nicht mit dem Vater, sondern mit dem eigenen Weibe, also um Nichtidentität mit Big Mama und den „Big Brothers". Adorno sah nicht die 'Nichtidentität' von Vater und Big Brother. Der Bund mit dem Vater ist der neue Bund gegen den ewig gestrigen und veralteten Bund mit den Müttern und ihren früh-esoterischen Baalspriestern. Menschliche Existenz ist wesentlich Exogamie, und nur Esoteriker lehren endogene Inzucht.

Der homophilosophische Bund von Gottvater und Sohn ist ein erster ebenso notwendiger wie unzureichender Schritt von der Mutter weg und hin zur Gattin, also von der Mutter über den Vater zum exotisch 'ganz anderen' Weibe als Mama. Der Heilige Geist ist der Geist der Einheit von Vater und Sohn (auch bei Hegel) auf dem Wege zur Einheit von Mann und Weib, weg von der philosophisch sanktionierten Verewigung der Einheit zwischen Mutter und Kind. Der Sohn nimmt eine ganz andere Frau als seine Mutter, aber jede andere als diese andere führt im ewigen Ehebruch nur wieder zurück zur verbotenen Mama und zur Regression in den Ursprung.

„Je mehr der Arbeiter sich ausarbeitet, um so mächtiger wird die fremde, gegenständliche Welt, die er sich gegenüber schafft, um so ärmer wird er selbst, seine innre Welt, um so weniger gehört er sich zu eigen. Es ist ebenso in der Religion. Je mehr der Mensch in Gott setzt, je weniger behält er in sich selbst." (Marx: „Manuskripte" 1844, Leipzig 1970, S. 152)  Dieser aus Feuerbachs Hegelkritik übernommene Gedanke findet sich bereits bei Hegel, der daran denkt, die „Schätze, die an den Himmel verschleudert worden sind, als Eigentum des Menschen, wenigstens in der Theorie, zu vindizieren. Welches Zeitalter wird die Kraft haben, dieses Recht geltend zu machen und sich in den Besitz zu setzen?"

(Siehe: „Hegels theologische Jugendschriften", hrsg. von Hermann Nohl, Tübingen 1907, Seite 225).

Ernst Bloch erinnerte in „Atheismus im Christentum" noch einmal daran, daß der Ursprung der marxistischen Kapitalismuskritik in Marxens Religionskritik lag. Die kritisierte Religion war natürlich die biblische, während Hegel den kapitalistischen Protestantismus verteidigte und Marx die Naturreligionen, gegen die der Monotheismus historisch ja überhaupt erst entstanden war. Entäußere sich der Gläubige an seine himmlischen Schätze wie der Proletarier ans Kapital oder umgekehrt? Marx begriff die Religion als bloßen Überbau des aufzuhebenden Kapitalverhältnisses wie Hegel als aufzuhebenden Unterbau des philosophischen Geistes. Es ist noch immer nicht vollbracht, nicht in Christus und in Lenin nun erst recht nicht. Der Grundwiderspruch von Kapital und Arbeit ist so wenig wie der Hauptwiderspruch von Gott und Mensch in Christus (und seinem Philosophen Hegel) aufgehoben. Was mehr wert ist als das zur Selbsterhaltung des Einzelnen Nötige, werde akkumuliert in einem Reich Gottes und der Mensch zum bloßen Produkt seiner Produkte.

Während Russell und Bateson versichern, Idee und Individuum, Sein und Schein, seien grundsätzlich nie identisch, insistiert Bloch mit Marx darauf, sie seien bisher nie identisch gewesen, d. h. sie seien immer noch nicht identisch bis heute. Es sei noch zu vollbringen, und es könne und solle noch vollbracht werden, weil es noch nie vollbracht worden sei seit Anbeginn. Die mathematische Logik verlangt, daß Sein und Bewußtsein nie eins sein können; die Eschatologik verlangt, daß sie eins werden, also erkennt, daß sie noch nicht eins sind, wo sie als eins ausgegeben werden, ob nun in Christus oder in Napoleon.

Der Philosoph, wie Hegel ihn begreift, macht sich einen Begriff von dem, wovon der Christ sich nur ein Bild machen kann, und er macht sich einen Begriff von dem Bild, das sich der Christ von Gott und Welt macht. Ist aber das ganze Christentum eine bloße Illustration des Hegelianismus? Georg Lukács, der im Christentum eine Mystifikation sehen mußte, sah in Hegels Religionsphilosophie natürlich nur die Mystifikation einer Mystifikation, und eine solche doppelte Negation sei nicht schon jene Entmythologisierung, die erst der historische Materialismus ermögliche.

Die Einheit von Gott und Mensch und Natur ist nach Hegel in Jesu Rückkehr zu seinem Vater bereits immer vollbracht, aber erst 'an sich'. An sich seien das An-sichsein und Fürsichsein bereits eins, aber noch nicht 'an und für sich'. Die 'faule Existenz' habe noch nicht die 'Anstrengung des Begriffs' geleistet und die Wirklichkeit erreicht, d. h. noch nicht sich als Wirkung des göttlichen Begriffs begriffen. Der christliche Begriff (oder genauer Hegels Begriff vom christlichen Bild) von dieser Einheit Gottes und der Welt sei selbst noch nicht verwirklicht, sagt auch Hegel. Es herrsche noch keine Einheit von 'fauler Existenz' und philosophischer Idee (von der Einheit des Begriffs und der nackten Existenzen). Der philosophische Begriff von der Realisierung des Begriffs sei noch nicht realisiert, solange die christliche Gemeinde nicht identisch sei mit der ganzen Welt. Kurz : Nichts ist theoretischer als die Theorie der Praxis. Hegel hat die Differenz zwischen Vernunft und ihrer Verwirklichung einfach weniger aufgehoben als aufgeschoben und verschoben auf die Enddifferenz zwischen an sich schon vernünftiger Wirklichkeit und einer 'faulen Existenz', die ihren unendlichen Abstand von der absoluten Idee lieber anbete, als diesen Abstand ganz wegzuarbeiten wie der kapitalistische Protestant, den Max Weber beschrieb.

Hegel verwirft jede Religion, in der Gott noch nicht menschlich und der Mensch noch nicht göttlich ist. Nun sagt die biblische Schrift deutlich, der Urabfall von Gottvater liege im Versuch, selbst Gottvater zu sein. Mit Freud gesprochen, der in Gott den idealisierten Vater und im leiblichen Vater den Herrgott auf Erden diagnostizierte, begehe ich die Erbsünde, wenn ich meinen Vater töten wolle, um als mein eigener Vater Frau Welt für mich allein zu haben, statt ein Mann *wie* mein Vater zu werden, um eine Frau *wie* meine Mutter eines Tages heimführen zu können.

Wenn Mord und Ehebruch die Kardinalsünden gegen Gott sind, dann deshalb, weil der Urehebruch der mit der eigenen Mutter ist, die dem eigenen Vater gehört der deshalb ermordet werden soll. Der Urmord ist der Vatermord noch vor dem Brudermord, und der Ur-Ehebruch ist nach Freud der Mutterinzest. Schon der bloße Wunsch ist laut Jesus verboten und nicht erst die Tat. Die Ursünde ist schon der bloße Wunsch, Gottvater zu sein, um heim ins Reich der Mütter zu kommen, also den Vatergott zu töten, um zur Mutter Natur zurückkehren zu können, deren Paradieseingang er mit dem Flammenschwert bewacht. Die Erbsünde wäre von daher der Versuch, sie einfach zur Urtugend zu machen und die Kardinaltugenden zu Torheiten.

Der biblische 'Baum des Lebens' verleiht Unsterblichkeit, und die ist nach dem Gesetz nur möglich in den eigenen Kindern, während die Heiden immer wieder mit dem Fernen Osten von einer Verewigung der eigenen Existenz träumen – am 'Baum der Erkenntnis' vorbei. Die phallische Schlange verführt Eva dazu, Adam zu verführen, in Eva die Mutter Natur zu lieben, um aus dem Mutterleib der Natur vertrieben zu werden für den inzüchtigen Trieb (und außerhalb der mütterlichen Leibeshöhle zu Eva zu kommen). Sophia: Bei Hegel ist der Heilige Geist die männliche Synthesis von Gottvater und Sohn, und es bleibt zweideutig, ob diese Synthesis bei Hegel eins ist mit der Mutterkind-Einheit oder die Vereinigung von Mann und Weib vorbereitet als eine Nicht-mehr-Identität mit Mutter Natur. Kehrt Christus als toter Sohn zum Vater zurück oder indem er selbst Vater wird, eins mit seinem Weibe und uneins mit seiner Mutter?

„Gott ist die Liebe, d. i. dies Unterscheiden und die Nichtigkeit dieses Unterschieds, ein Spiel dieses Unterscheidens, mit dem es kein Ernst ist, das ebenso als aufgehoben gesetzt ist, d. h. die ewige einfache Idee. Diese ewige Idee ist in der christlichen Religion ausgesprochen als das, was die heilige Dreieinigkeit heißt; das ist Gott selbst, der ewig dreieinige." (Hegel : 'Das Reich des Vaters', Werke Bd. 17, Ffm. 1971, S. 221 f.)

Hegel denkt sich die Religion als Geist der Liebe, aber der Liebe primär zwischen Gottvater und Sohn, nicht die zwischen Mann und Frau. Die Beziehung zwischen dieser Beziehung von Vater und Sohn auf der einen Seite und der Beziehung von Mann und Frau auf der anderen Seite wird auch von Hegel nicht wirklich begriffen und auf den Begriff gebracht. Er erkennt darin nicht seine „Identität von Identität und Differenz", weil er nicht die Vernunft darin wiederfindet, sondern das Spiel zufälliger Vorstellungen, Bilder und Gefühle, denen für seine Begriffe noch zu viel Natürliches und Sinnliches beigemischt ist, um wirklich eine Einheit von theoretischer und praktischer Vernunft, von Richtigkeit und Gerechtigkeit, zu ergeben.

Es liegt gar keine begriffliche Notwendigkeit in Hegels Verfahren, die dialektische Triade am reinsten in der christlichen Trinität verkörpert und illustriert zu sehen, es sei denn, Hegel habe seinen Begriff von dialektischem Begriff erst selbst aus dem Versuch gewonnen, sich nicht nur ein Bild von seinem schwäbischen Protestantismus und lutherischen Pietismus zu machen, sondern eben einen Begriff. Ist Hegels Begriff vom Begriff aus der Heiligen Dreieinigkeit gewonnen und abstrahiert oder umgekehrt?

Natürlich hätte es dieser Begriff von Begriff nicht verwehrt, sich bereits hinreichend klar und deutlich realisiert und inkarniert zu finden im alten Bund zwischen Gott und Mensch, nicht erst im neuen zwischen Vater und eingeborenem Sohn. Daß Mann und Frau, die aus verschiedenen Familien stammen, doch beide Kinder desselben Gottes sind, macht ihre Liebe zueinander ja zu keiner Blutschande. Aber Hegel braucht die Vermählung von Gott und Mensch und ihre mystische Vermischung, deren substanzlose Subjektivität er sonst so abweist, aber die ihm hier in den Kram paßt, um die adamitische Gleichheit aller Menschen vor dem Einen Gottesbegriff aufzuheben. Ebenso wie kein Erdensohn im Paradiesgarten der Mutterleibeshöhle als unschuldiges Kind bleiben kann, ohne zu ersticken oder den Mutterinzest mit der Natur zu begehen, die Erbsünde, für die er mit der Paradiesvertreibung der Geburt bestraft wird, ebenso kann er vorm Vater nicht stehen, ohne ihn beseitigen zu wollen, um in den Kindergarten Eden zurückzukommen.

Adorno hatte in Hegels 'Ganzheit' das Totalitäre begriffen und angegriffen. Was Hegel freie Liebe nenne, sei selbst die Vergewaltigung, die sie aufheben wolle zwischen Ich und Alter Ego, und Hegel nenne Lieben, was nur ein Identifizieren sei und keine Vereinigung. Dieser Vorwurf ist berechtigt, wo Hegel etwa in staatlicher Einheit die Vereinigung von Liebenden wiederfinden zu dürfen glaubt, aber Adorno seinerseits schüttet das neugeborene Kind mit dem Taufbad aus, wenn er bereits in jeder genital fruchtbaren Vereinigung der Geschlechter jenen Ganzheitstotalitarismus ahndet, den Hegel gegen die Zerrissenheit des bürgerlichen Konkurrenzzeitalters auffährt. – Die zwanglose Einigung von morgen kann Adorno erst sehen in der Befreiung der 'polymorphen Perversität' des Kindes, die beim Erwachsenen psychotisch wiederkehrt. Wo Hegel die eheliche Liebe und Familie philosophisch rechtfertigt, behält er Recht gegen Adorno, aber wo er diese Familiarität 'gut aufgehoben' denkt in einer Göttlichkeit des preußischen Staates und in lutherischer Reformation, fällt er hinter Adorno zurück.

Was religiös als Sündenfall vorgestellt ist, lehrt Hegel als vernünftig zu verstehen : Der Erdensohn Adam hat den Kindergarten Eden zu verlassen, weil er von der verbotenen Frucht der Mutter (Natur) genascht hat, und er kann nicht in der Mutterleibeshöhle der Natur bleiben, ohne sich inzüchtig an ihr zu vergreifen und dafür die Strafe der Paradiesvertreibung und der Menschwerdung auf sich zu ziehen. In den Schoß des Ewigweiblichen zurückkehren darf der alte Adam nur um den Preis, nicht in den Schoß der eigenen Mutter zurückzuwollen, und der 'Engel mit dem Flammenschwert' ist der Bote des himmlischen Vaters, der gefallene Engel, die Schlange am Baum der Erkenntnis. Eva ist nicht die Mutter Adams und lockt ihn heraus aus der Leibeshöhle der Mutter Erde, aus dem Kindergarten der pränatalen *Edentität*. Adam hat die 'freie Wahl', im Schoß der Mutter Natur zu bleiben oder sich inzüchtig am Eigentum Gottvaters zu vergreifen - und das vorgeburtliche Paradies verlassen zu müssen, um zu arbeiten. Er hat die freie Wahl, erwachsen zu werden oder als Kind zu sterben, und hat sich doch immer schon entschieden.

Die 'Erbsünde' besteht darin, zur Freiheit von Mama verdammt und auf ewig zum Exil verurteilt zu sein: Frei voneinander, ohne einander zu freien.

Das Christentum, dessen philosophische Apologie Hegel betreibt, gibt Jesus eine irdische Mutter und einen himmlischen Vater, also keinen leiblichen Vater und keine göttliche Mutter. Christus ist eingeborener Sohn des gottväterlichen Begriffs und nicht der Mutter Natur. Das menschliche Selbstbewußtsein ist bei Hegel die Selbstverwirklichung der göttlichen Idee, und Jesus realisiert das Gesetz, indem er den weiblichen Schoß verläßt, ohne jemals zu ihm zurückzukehren. Aber *verkörpert* Jesus wirklich die göttliche Idee des Menschen? Schließlich wird er nicht Ebenbild seines himmlischen Vaters, indem er sich mit einem anderen Weibe als seiner Mutter vereinigt. Die beiden Bewegungen von oben und von unten kommen einander nicht wirklich entgegen: Daß der Vater sich selbst in seinem Sohn erzeugt *und* daß der Sohn seine Mutter verläßt, um selbst Vater zu werden, und Vater wird, indem er sie verläßt.

Nach Hegel gehört es gerade zur 'absoluten Idee' Gottvaters, seinen Sohn freizulassen in die Selbständigkeit und in die Unabhängigkeit von ihm. Die Freiheit seiner Frucht von ihm gehöre zum Erzeuger selbst, und es sei ein Teil des Vaters, *daß* sein Sohn kein Teil des Vaters sei. Fassen wir die Dialektik zusammen, in der Hegel die Menschwerdung des Mannes begreift: Der Vater, den ich habe, ist ebenso ein anderer als der Vater, der ich werde, wie das Weib, das meine Mutter ist, eine andere ist als das Weib, das ich zur Mutter mache und nicht zu meiner Mutter. Hegels Kardinalsünde beginnt erst dort, wo er glaubt, die „göttliche Idee des Menschen" protestantisch begreifen zu müssen und Christus als die Verkörperung dieses Heiligen Geistes menschlicher Verhältnisse. Seine trinitarische Apologie der Dialektik will die dialektische Apologie christlicher Trinität sein. In Jesus wird der Sohn sterbend der Vater, dessen Vater er war, indem er zwar nicht die Mutter zu seinem Weibe macht, aber auch kein anderes Weib zur Mutter.

Ist die „Imitatio Christi" wirklich und wahrhaftig eine „Imitatio Die"? Jesus bleibt Kind seines himmlischen Vaters, indem er kein leiblicher Vater eines Kindes wird. Zu seiner Mutter sagt er : „Weib, was habe ich mit dir zu schaffen?" Am Kreuz ruft er : „Mein Vater, warum hast du mich verlassen?" Nach christlicher Lesart verläßt Jesus als Christus die Einheit mit dem Leib des Weibes, indem er tot zu seinem Vater zurückkehrt, statt ein anderer Vater zu werden als der, den er hat, indem er sich eine andere Frau nimmt als die, aus der er kommt. Er wird kein leiblicher Vater, weil er keinen leiblichen Vater hat, und er mißtraut dem Weibe, weil er seiner Mutter nicht traut. Um kein Sohn des Joseph zu sein, ist er lieber Sohn Gottes als der uneheliche Sohn eines römischen Offiziers. Und um kein Gatte der Maria zu werden, wird er lieber gar kein Gatte als der Gatte einer Magdalena. Zeitlebens haßt Jesus seine Mutter, weil er nicht weiß, ob er der Sohn des Zimmermanns Joseph oder Gottvaters oder eines römischen Offiziers ist, mit dem Maria ihren Mann betrogen haben könnte. Pater semper incertus. Wird Jesus kein Vater, weil er keinen hat? Wer nicht weiß, ob er Kind dieses Vaters ist, wird nie wirklich wissen, ob er Vater dieses Kindes ist. Die biblische Theorie ist Philosophie von Erwachsenen für Erwachsene, ist auswendige Leibhaftigkeit gegen idealistisch gerechtfertigte protestantische 'Gewissenhaftigkeit' (der frei machenden Arbeit, vor allem der Arbeit an den Arbeitern selbst). „Das Gesetz ist vornehmlich das Schiboleth, an dem die falschen Brüder und Freunde des sogenannten Volkes sich abscheiden." (Hegel, Vorrede zur „Rechtsphilosophie") – Mit diesem 'Gesetz' meinte Hegel gerade nicht das Gesetz Gottes. Das 'göttliche Gesetz' war ihm eher das 'unterirdische Gesetz' der als weiblich gedachten Familiarität im Gegensatz zum 'Gesetz des Tages' im männlich bestimmten öffentlichen Gemeinwesen. Hegels philosophische Rechtfertigung des Christentums ist allerdings antinomisch gesetzwidrig, als Aufhebung des biblischen Gesetzes im preußischen Staatsrecht.

Wir haben uns angewöhnt, den *Deutschen Idealismus* als philosophisches Destillat der deutschen Reformation zu verstehen, der den heidnischen Bilderkult aufhob, um Moral zu predigen, d. h. Praxis und Gewissen zu versöhnen. Aber ließe sich der Weg menschlicher Erfahrung deshalb umgekehrt mit Adorno triftiger als Weg vom absoluten Wissen zur sinnlichen Gewißheit beschreiben?

Von der Allmacht des Gedankens, vom animistischen Primärnarzißmus des „absoluten Wissens", einer idealistisch rationalisierten Kollektivpsychose, ginge es da zur monotheistischen Vaterreligion, die von der Mutter-Kind-Symbiose befreit. Wenn Gottvater tot und sein Gesetz aufgehoben ist, säkularisiert sich die Religion zum Bilderkult erst der dreieinig christlichen und dann der polytheistisch autonomen Kunst. Erlaubt ist, was gefällt : Was gegen das göttliche Gesetz der Natur verstößt, ist erst in der Kunst und dann im Leben freigegeben. Die „Kunstreligion" macht sich ein Bild und keinen Begriff von der Welt, sie stellt die Kopie zwischen den Menschen und die originale Wirklichkeit, das sklavische Abbild avanciert zum angebeteten Vorbild. Am Ende wird die Welt zu dem videologischen Simulacrum ihrer selbst. Sobald l'art pour l'art aber ihre Autonomie aufgibt und sich engagiert für die Welt, wird sie nur Moralpredigt und 'ästhetischer Vor-Schein einer besseren Welt', in der Theorie und Praxis endlich übereinstimmen, Macht und Geist sich versöhnen, der Christ und die Obrigkeit einander „tolerieren". Hegels Moralphilosophie endet bei christlicher Versöhnung von Napoleon und Novalis. In der Guillotine der französischen Revolution sieht er Kants Sittengesetz über die Sinnlichkeit herrschen, aber in Wirklichkeit ist dieses Sittengesetz von Königsberg die recht verinnerlichte Form des göttlichen Gesetzes selbst.

Kants biblischer Imperativ ist politisch nicht realisiert im Pariser Fallbeil von 1789, sondern in der amerikanischen Verfassung von 1789. Als die amerikanischen Gründungsväter über den Menschen nicht länger den Menschen, sondern das Gesetz herrschen ließen, dachten sie an das Gesetz Gottes. Die Deklaration der Menschenrechte benannte die universalen Bedingungen der Möglichkeit jeder individuellen Selbstverwirklichung. Der Schritt von Kants Sittengesetz zu Hegels unsittlichen Sitten war ein Rückfall.

Hinter dem Scholastiker, der in Thomas von Aquin mit Christus koalierte, steckte auch ein empiristischer Aristoteles und nicht ein pythagoreischer Platon, dessen mathematische Mystik die ganze europäische Naturbeherrschung mystifizieren sollte. Der Hegel der „Phänomenologie" verrät die Brüchigkeit seiner geschichtlichen Konstruktion, wenn die „Vernunft" der Renaissance zwischen das „unglückliche Bewußtsein" des christlichen Rom und den „Geist" geschoben wird, der von den schönen Griechen über das heidnische Rom zur französischen Aufklärung wandert. Das bei Hegel

„unglückliche Bewußtsein" des Mittelalters gehörte zwischen das heidnische Rom des Rechts und das aufgeklärte Paris der Bildung. In der „Phänomenologie" hat das „unglückliche Bewußtsein" je zwei verschiedene Vorläufer und Nachfolger. Einerseits geht es aus hellenistischem Skeptizismus hervor, andererseits aus dem römischen „Rechtszustand", und einerseits geht es über in die Naturforschung der Neuzeit und andererseits in den entfremdeten Geist der erzfranzösischen Moralisten. Hegels „offenbare Religion" will sich vom „unglücklichen Bewußtsein" so unterscheiden wie die Reformation vom Papismus, aber ein so nüchterner Kommentator wie John N. Findlay hat zurecht darauf hingewiesen, daß Hegels Beschreibung des „unglücklichen Bewußtseins" eher auf Kierkegaards Protestantismus passen würde als auf mittelalterlichen Katholizismus. Den naturbeherrschenden Geist der Neuzeit sieht Hegel als Erben des Mönchs, der Absolution des Absoluten sucht, indem er seinen Leib durch Kasteien aufhebt. (Joel 3,2) : „Sogar den Knechten und Mägden werde ich zu jener Zeit meinen Geist geben", sprach der Ewige, und von diesem Geist war Hegel erfüllt.

Nicht nur heilshistorisch wächst der Abstand zum messianischen Reich mit dem vom Messias selbst. „*Vergangenheit* und *Entfernung* sind aber nur die unvollkommene Form, wie die unmittelbare Weise vermittelt oder allgemein gesetzt, diese ist nur oberflächlich in das Element des Denkens getaucht, ist *als* sinnliche Weise darin aufbewahrt und mit der Natur des Denkens nicht in Eins gesetzt. Es ist nur in das *Vorstellen* erhoben, denn dies ist die synthetische Verbindung der sinnlichen Unmittelbarkeit und ihrer Allgemeinheit oder des Denkens." (Der Mittler ist vor und zwischen Gott und Mensch gestellt : „Die Vorstellung macht die Mitte zwischen dem reinen Denken und dem Selbstbewußtsein als solchem aus ..." Zwar kommt sie der geistigeren Zustimmung zum Unsichtbaren näher als der nur ungläubige Thomas, „aber das *Vorstellen* der Gemeine ist nicht dies *begreifende* Denken" „und, was dasselbe ist, setzt ihn (den Inhalt) zu ... einem Erbstücke der Tradition herab;" „....denn das gemeine Leben hat keine Begriffe, sondern Vorstellungen, und es ist die Philosophie selbst, den Begriff dessen zu erkennen, was sonst bloße Vorstellung ist".

Unter das gemeine Leben fällt auch die Gemeinde, die instinktiv nur tut, was sie nicht weiß. Daß der Messias ganz Gott und ganz Mensch war, polarisiert sich noch einmal im historischen Jesus und bekannten Christus, von dessen Gläubiger Hegel sagt : „Seine eigne Versöhnung tritt daher als ein *Fernes* in sein Bewußtsein, als ein Fernes der *Zukunft*, wie die Versöhnung, die das andere *selbst* (scilicet Christus) vollbrachte, als eine Ferne der *Vergangenheit* erscheint." Vorstellung ist hier wie bei Heidegger temporal gesehen. Der Glaube als Distanz *von* Golgatha und *zum* Neuen Jerusalem spricht aus, was Zeit ist, deren raumquantifizierte Kontinuität heute in Quantensprünge zerreißt. − Aristoteles zitierte, Zeit gebe es nicht, da doch Zukunft noch nicht, Vergangenheit nicht mehr und Gegenwart ihre nur punktuelle Grenze gegeneinander sei. Was war, ist nicht, auch nicht gewesen, geschweige denn wesentlich. Glaube, als Vorstellung die Präsentierung einer Absenz, vergegenwärtigt nur, was leibhaft von ihm selbst her nicht mehr und noch nicht da ist, macht Kirche zur Existenz dessen, *daß* Christus nicht mehr und das Reich Gottes noch nicht existiert, es sei denn imaginär. − „Indem *an sich* diese Einheit des Wesens und des Selbsts zustande gekommen, so hat das Bewußtsein auch noch diese *Vorstellung* seiner Versöhnung, aber als Vorstellung. Es erlangt die Befriedigung dadurch, daß es seiner reinen Negativität die positive Bedeutung der Einheit seiner mit dem Wesen äu-

*ßerlich* hinzufügt; seine Befriedigung bleibt also selbst mit dem Gegensatze eines Jenseits behaftet". Ewiges Hinhalten, das Zerrbild von Unsterblichkeit, findet sich schließlich apotheotisch abgespeist mit ungehaltenem „Hineingehalten-Sein in das Nichts" von onto-logischen Gnaden. Christliche Ungeduld, die so viel Geduld mit allem Überirdischen aufbringt, über die Distanz *von* einem Versprechen und *zu* dessen Einlösung, segnet ihr eigenes Gefühl für Zeit. St. Nimmerleinsvertagung, die den dies irae aufmöbelte bis zur Inkompatibilität mit Zeit selbst, sichert zu, worauf doch nur vertröstet ist. Immer ist es so lange hin noch bis zum Ende aller Verdinglichung, wie es her ist seit anno Domini. Theologischer Zeitraffer, der, zu dem Erlöser stets unmittelbar, ihn beim zurückgebliebenen Wort nimmt, unterschlägt im moralischen Appell an die Kreatur, was chiliastisches *quousque tandem* dieser doch schuldig bleibt.

Die Erkenntnis der Erbsünde ex iuvantibus, mit der christliche Religion die Ontologie des Leidens zu ihrem Privileg macht, ist zynisch, wo die sogenannte soziale Frage als Akzidenz und bloßes Symptom metaphysischen Elends fungibel wird. Kierkegaard kolportiert, daß ein Kind noch nicht schreckt, was dem Manne Angst macht, und der Christ, weil er ein Entsetzen kennt, das dem Heiden fremd ist, nicht mehr versteht, was den Ungläubigen bange macht. Andererseits nährt die Geste, die jede Utopie forsch dem Nahziel opfert, den Verdacht, sie sei über letzte Dinge nicht weiter hinaus als die befreite Gesellschaft über diese Geste. Der Widerstand gegen das Obsolete am Absoluten ist der gleiche wie gegen die Entmythologisierung, die den Verächtern religiöser Mythen suspekt noch ist aus Furcht, Modernität selbst könnte als Mythos mitenthüllt werden samt der realen Möglichkeit der Befreiung von ihm.

135

„Der Geist der Gemeinde ist so in seinem *unmittelbaren* Bewußtsein getrennt von seinem *religiösen,* das zwar es ausspricht, daß sie an s i c h nicht getrennt seien, aber ein A n s i c h, das nicht realisiert, oder noch nicht ebenso absolutes Fürsichsein geworden."

Mit diesem Satz schließt die Religionsphilosophie der „Phänomenologie des Geistes". Da wird kein moraliner Blick hinter fromme Fassaden getan, um das religiöse Bedürfnis vor handfesteren Interessen sich blamieren zu lassen. Der Kirche wird nicht vorgerechnet, weder klagend noch schadenfroh, sie sei hinter dem apostolischen oder urchristlichen Plansoll zurückgeblieben. Sie wird nicht aufgefordert, dem nachzujagen oder nachzusinnen, was sie wesentlich gewesen ist oder der jeweils letzten Masche, sich unter die Leute zu bringen, d.i. ihnen nach dem verbotenen Mund zu reden. Hegel predigt nicht den Predigern, hütet auch hier sich, erbaulich sein zu wollen. Daß die Kirche in Wirklichkeit immer schon das ist, was sie zu sein vindiziert, is taken for granted. Man weiß, daß auch der Protestantismus sich für das unmittelbare Bewußtsein entschieden hat, für den Nazarener, in dessen Namen das unmittelbare *als* religiöses Bewußtsein identifiziert wird. Was nun Hegel zur Rechtfertigung der Reformation auffahrt, wäre ihr selbst zu konfrontieren:

„Das Verderben der Kirche ist nicht zufällig, nicht nur Mißbrauch der Gewalt und Herrschaft. Mißbrauch ist die sehr gewöhnliche Weise, ein Verderben zu benennen; es wird vorausgesetzt, daß die Grundlage gut, die Sache selbst mangellos, aber die Leidenschaften, subjektiven Interessen, überhaupt der zufällige Wille der Menschen jenes Gute als ein Mittel für sich gebraucht habe, und daß es um nichts zu tun sei, als diese Zufälligkeiten zu entfernen. In solcher Vorstellung wird die Sache gerettet und das Übel als ein ihr nur Äußerliches genommen. ... Das Verderben der Kirche hat sich aus ihr selbst entwickelt; es hat eben sein Prinzip darin, daß das *Dieses* als ein Sinnliches in ihr, daß das Äußerliche, als ein solches, innerhalb ihrer selbst sich befindet. (Die Verklärung desselben durch die Kunst ist nicht hinreichend.)"

Zuletzt hat Samuel Becketts Kunst in „Comment c'est" das Leben, Drecksack voller leerer Pandorakonserven, durch die Zeit vor Pim, mit Pim und nach Pim dorthin geschleift, wo ihr Verklären nicht mehr hinreicht. Das Äußerliche befindet sich innerhalb der Kirche selbst nicht nur *vor* der Reformation : Die sakramentale Erinnerung retirierte in protestantische Innerlichkeit, die — abgezogen von getrübter sinnlicher Transparenz — mythisch sich bevölkert mit eben den Reliquien, die sie reformatorisch beiseiteschob.

Transzendierte Immanenz interiorisiert Transzendenz zum positivistischen Glaubensinhalt, zum Vertrauen auf redemptio plusquamperfecta, Rechtfertigung durch den Glauben, gerechtfertigt zu sein. Emphatischer Begriff der Identität des Begriffs mit dem geheiligten Gegenstand ist darum noch nicht realisiert und hat Einspruch gegen Identifizierung abermals zum Gegenstand, wo er allzu irresistibel funktioniert.

Geglaubte Versöhnung wider bessere Einsicht fällt hinter die vorbewußte Versklavung zurück. Zwar ist die Übernatur humanisiert : „Der Tod des Mittlers ist Tod nicht nur der *natürlichen Seite* desselben oder seines besonderen Fürsichseins, es stirbt nicht nur die vom Wesen abgezogene schon tote Hülle, sondern auch die *Abstraktion* des göttlichen Wesens." „Es wird dies als ein freiwilliges Tun vorgestellt; aber die Notwendigkeit seiner Entäußerung liegt in dem Begriffe, daß das Ansichseiende, welches nur im Gegensatze so bestimmt ist, ebendarum nicht wahrhaftes Bestehen hat...." Doch das Humane bleibt Jenseits: „Es (das andächtige Bewußtsein) ergreift diese Seite, daß das reine Innerlichwerden des Wissens *an sich* die absolute Einfachheit oder die Substanz ist, als die Vorstellung von Etwas, das nicht dem *Begriffe* nach so ist, sondern als die Handlung einer *fremden* Genugtuung."

Notwendigkeit schillert hier, wie so oft bei Hegel, zwischen der freien des Begriffs und der fremden, die vom freiwilligen Handeln Gottes ausgeht – als wäre das Notwendige gerade das uns Entfremdete. Glaube, auch und gerade dort, wo er es zum Absoluten bringt, ist nach Hegel schon in nur vorstellende und retendierende Bewußtlosigkeit rezidiert, der er das Riechsalz jener unglaublich bewußten Absolution unter die Nase rieb, die die Religion besonders seit Luther relativiert sehen will. Der Prioritätenstreit zwischen Glauben und Wissen ist unschlichtbar, wenn das eine das andere nicht nur bedienen soll. Glaube behält Recht vor dem Imperativ des Faktischen, das in sich borniert sein Ziel als immer schon erreicht aufdrängt, fällt aber zurück vor dem Moment von Wahrheit in der Insistenz auf das Bewußtsein qua bewußtem Sein dessen, was vom gegebenen Wort zu halten ist, dekrepierte es, bei sich selbst genommen, nicht sogleich zum blank Positiven. Worin Glaube ärgerlich an der Evidenz des Begriffs sich vergreift, ist die Absage an das Tabu der Widerspruchsfreiheit zwischen quidditas und quodditas. Die Einfalt der Identifikation mit nichtidentischer fides quae creditur ist vom Wissen stets schon beargwöhnt als die Nichtidentität, mißlungene Anpassung der fides qua creditur an die Satisfaktion tautologischer Identitäten. War die Wahrheit des Urteils gedacht als Adäquation an den adäquaten Gegenstand, verfällt Identifikation mit dem nicht-identischen dem Verdikt der Nichtidentität mit dem identischen, befindet die Wahrheit über Widersprüchliches sich im Widerspruch zur Wahrheit, falsches Urteil über präjudiziert sich selbst Adäquates. Die identitätslogische Trinität, die in der Auferstehung Jesu eine doppelte Negation Gottes feiert, macht nur die Transzendierung einer Transzendenz rückgängig, die ihre Kreatur dort für gerettet ausgibt, wo sie in sich nur sich selbst zurücknimmt. Negatio duplex, die Synthese, spräche das nur Triviale aus, das etwas nicht sei, was und weil es nicht ist. Neugier, deren Hoffnung auf baudelaireske nouveauté am „coefficient d'animosité" des Reifizierten zuschanden wird, zuckt vor seinem Negativ ins Schneckenhaus der Identität zurück und macht sich ins Fäustchen, choc-mimetisch dem anverwandelt, wovor ihre abweisende Geste zurückfuhr. Sie schlägt um in melancholische Zwangsinteriorisierung vor dem repulsiven Medusenblick dessen, was selbst gorgonisch erstarrt ist, dem petrifizierenden Blick der Petrefakte. Neugier läuft sich am Negativen nur die Hörner ab, um desto nachhaltig belehrter über das alte Wahre sein Enkomion zu verfassen.

Reduktives „Nichts-anderes-als" läßt im Nichts genau jenes Futile vermuten, das Subsumtion stutzt. Doch monophysitische Dämonie hat mit der Gnosis einen häretischen Berührungspunkt : Der Doketismus diagnostizierte im Scheinleib Jesu die erst begriffliche Antezipation einer Versöhnung, die aussteht. Entmythologisierung hat davon etwas wiedergutgemacht, als sie einer kerygmatisierten Auferstehung mit jedem naturwissenschaftlichen Stachel auch etwas von der restaurierten Positivität des borniert Transzendenten nahm. Die Wut über Entmythologisierung verwechselt mimetische Einverleibung des gegnerischen Potentials mit Abdankung vorm unseligen Zeitgeist. „Er ist der *unmittelbar* gegenwärtige Gott; dadurch geht sein Sein in *Gewesensein* über. Das Bewußtsein, für welches er diese sinnliche Gegenwart hat, hört auf, ihn zu sehen, zu hören; es *hat* ihn gesehen und gehört; und erst dadurch, daß es ihn nur gesehen, gehört *hat,* wird es selbst geistiges Bewußtsein, oder wie er vorher als *sinnliches Dasein* für es aufstand, ist er jetzt *im Geiste* aufgestanden."

Pauli Zeugnis des leibhaftigen Ostern bestätigt die nur theologische Wahrheit des Urteils, das Christus identifiziert in der Subsumtion unter Gott oder Mensch. Doch stets mitgedacht war darin die freiwillige Abdankung des göttlichen Gedankens vor dem unter ihm Befaßten, unfaßliche Bescheidung des Begriffs vor seinem Unterschied zur Kreatur. Was Logik sui generis um ihrer Widerspruchsfreiheit sich verbietet, Subsumtion Gottes unter sich selbst nicht *als* Gott, sondern *als* Geschöpf, nimmt die Paradoxie der Russellschen Antinomienlehre auf sich : Die Menschheit müßte vollständig vorliegen, d.h. ausgerottet sein, ehe sie zu befreien ist. Die Definition des Menschen darf nicht durch Gott erst erfolgen, da anders die Summe in ihre eigenen Summanden einginge. − Weil der Inbegriff des Ganzen, formallogisch diesem transzendent, nicht selbst Element dessen sein kann, wovon er Inbegriff ist, sondern qualitativ Ganz-Anderes, konzediert tautologischer Drill gern schlechthinnige Abhängigkeit von irgendeinem höheren Wesen, Reflex der mythischen Übermacht des autonomisierten Allgemeinen, dem nur christologische Individuation nicht abgenommen wird. Quantifizierung Gottes zur umfangslogischen Allgemeinheit verdünnt ihn zum abstrakten Formgefäß, das in Christus den definitiven Inhalt sich gab. Das inkarnierte Wort will stellvertretend für die Insuffizienz des in seinem Umfang hilflos Verlorenen wiedergutmachen und dem Recht widerfahren lassen, *daß* der begriffliche Bannkreis material transzendiert ward. Das *Koinon* übersteigt das *Hekaston* um dessen artspezifische Differenz. Der Umfang, der die Partikularitäten einfangt, ist gefüllt mit Nichtidentität im allgemeinen Referenzrahmen. Durch den Inhalt, mit dem das Besondere sich einer Klasse entzieht, depraviert es zum Exemplar einer anderen. Je inhaltloser die Repräsentanz, desto entschiedener hat sie sich den ganzen Reichtum der Differenzbestimmungen zugeeignet gegen das Besondere, das daran weniger delegieren wollte: bellum omnium contra omnes. Das Allgemeine wird mit dem Partikularen identisch erst, wo jenes zur singulären Klasse seiner indiszernibilen Bestandteile schrumpft, deren Differenz an Akzidenzen sich hängt.

Tendenziell ist jede Klasse singulär : Individualität als Identität aller Elemente vor dem Allgemeinen. Das Individuum, identische Einheit, wird als *Jota*-Operator einer Kennzeichnung definiert, welche die Einzigkeitsbedingung erfüllen muß : Entweder es gibt ein Individuum derart, daß es identisch ist mit allen Individuen, die die Eigenschaft haben, Gottes Söhne zu sein, und dieses Individuum vollbrachte – wie vielleicht andere auch – außerdem Wunder, oder es gibt kein Individuum, welches das einzige ist mit dieser Eigenschaft, Gottes Sohn zu sein, und niemand vollbrachte Wunder außer denen, die hinsichtlich der Eigenschaft, *nicht* Gottes Sohn zu sein, zu *einer* Person zusammenfallen. Das Allgemeine, das sich der sündigen Besonderung gemein macht, folgt ihm bis in jene Individuation nach, die eo ipso am neidischen Begriff frevelt. Dieser, der dem Individuum ein Denkmal setzt, setzt es nur sich selbst, wo er jene Merkmale sequestriert, die zuvor dem Einzelexemplar geschlagen wurden als die Wundmale der Individuation.

Abendmahlslogik symbolisiert den Begriff sakramental durch sich selbst, seit das Sensorium quantifiziert ward. Theologie aber wäre schon Theorie genug als Idiotikon des von ihr Defraudierten. Christologische Identifikation des Partikularen subsumiert es nicht länger vergeltend unters Gesetz, sondern rapprochiert dieses der kontingenten Individualität und kriminalisiert sich selbst. Der Richter, zum letzten Mal mythischer Rächer, bestraft im Todesurteil über sich selbst nur den, der andere zum Tode verurteilte, spricht diese also frei, trotz erwiesener Schuld und ohne Mangel an Beweisen. Doch richtet er sich nicht dafür, *daß* er sie verdammte, dann ergehen Amnestie und Rehabilitierung nicht an Opfer eines Justizirrtums.

Die scholastische Typentheologie umging wie Mathematik das Paradox, daß Gott als Schöpfer aller Schöpfer, die alles andere als sich selbst erschaffen, sein eigenes Geschöpf ist. Hat er *nicht* sich geschaffen als den, der alles erschafft, was nicht sich selbst sich verdankt, wäre die Bedingung erfüllt, die ihn unter seine Artefakte fielen ließe. Als Kreatur seiner selbst jedoch dürfte er gerade *nicht* sich zu seinen Produkten zählen, denen er anders die Herkunft von sich selbst voraushätte. Der Begriff beschlagnahmt sich, ohne aufzuhören, Inbegriff alles Sequestrierten zu sein. Die logische Antinomie der Repräsentanz des Logos macht das Mysterium von Christologik aus. Theologie löste den 'Stellvertreter' auch nur im Rückgriff auf thomistische Stufentypologie : Vertreter und Vertretener im Selbstvikariat Christi sind ungleicher, göttlicher *und* menschlicher Natur. Vertritt er sich selbst, so als einer, der sich vertreten kann, Gott allein. Vertritt er aber *nicht* sich selbst, gehörte er gerade zu eben den Kreaturen, die zu vertreten wären. Typenlogische Auflösung der soteriologischen Erlösungsparadoxie drängt auf gottmenschlichen Dualismus, dessen Union mystifiziert ist.

Opfer von Partikularität, die, ans Allgemeine ohnehin verschuldet, dieses zum Sündenbock macht, schlägt um in das Opfer des Allgemeinen an das pönalisierte Partikulare, fortan partizipierende; soweit ins Singuläre versenkt, daß es zum Opfer noch taugt, ohne das Totum plenum selbst zu sein, jedoch nicht soweit, daß es dem kategorialen Umfang wieder angehörte als Preis für seine

Desertion. Christus war soweit Mensch, daß Gott nicht narzisstisch sich selbst genugzutun hatte, blieb soweit Gott aber, daß er zum Opfer noch rein genug von Inhalt war, der den Begriff transzendiert wie dessen Umfang ihn. Christologische Kontamination von Identität und Differenz des Gemeinen und Allgemeinen glitt stets allzu eilig ab in glatte synthetische Gottmenschlichkeit. Die Affirmationsdoublette doppelter Negation zementiert nur die These, welche, an ihrem Negat gesättigt oder verzweifelnd, in Transzendenz zurücksinkt. Was sie nie ist, Kreatur hätte gleichwohl ihr Wesen zu tingieren. Nicht dieses zu sein, definierte und limitierte sie anders als nicht jenes, vor allem als nichts denn sie selbst zu sein – wie der Ewige selbst.

Heideggers ontologische Ästhetik vom ‚seienden Sein', entspringenden Ur-Sprung, sich entbergenden Verbergen, zehrt monomanisch von der dialektischen Christologie. In Wahrheit, der Aufbewahrung des Entäußerten, ist ja nur Konserve veräußert, das organologisch, aus Wurzelgrund in Blüte getrieben, in ihn religiert bleiben soll. „Sein ist kein Seiendes und gleichwohl nicht nichts." Das ‚Gleichwohl' übernimmt wie das temporal deutbare ‚Zugleich' im kategorischen Imperativ Kants die Rolle der Identität von Identität und Differenz. Auch das Nichts ist weder schlicht ontisch noch nichts, sofern es ja das Seiende im Ganzen zu *nichten* habe. Ontologische Differenz, Dialektik des Subjekt-Objekts und das christologische Paradox sind von isomorpher Struktur. Theologische Methodologie ist durch den christologischen *Pro-odos* präjudiziert, läßt neuplatonisch von den Axiomen der göttlichen *Moné* über sakramentale Schlußregeln zu *epistrophischen* Konklusionen laufen und zurück über dieselben Operatoren zu institutionellen Schlüssen übers oder sektiererischen Entschlossenheiten fürs Reich Gottes. Ein Kalkül heißt theologisch gedeutet, sobald

143

seinen autonomen Strukturelementen ein-eindeutig theologische Kategorien zugeordnet sind.

Der Theologikkalkül ist ein Zeichensystem, das durch sakramentale Operationsregeln zum Theologem und zu mythischer Transparenz rationaler Synthesis umfunktioniert ist, ohne aber aufzuhören, kulturell bereits vorgedeutet, umkehrbar eindeutig mittels kultureller Sinnfunktoren auf autonome Form abgebildet zu sein. Nur verbürgt der theologische Schluss mehr als die analytische Logik : Christus übersteigt als ein synthetisches Urteil Gottes a priori gar nicht den untautologischen HErrn, der ist, was er sein wird, also immer anders. Als Korrelator, der die zweistelligen Relationen der ontologischen Differenz oder des Subjekt-Objekts extensional ein-eindeutig auf das christologische Paradox abbildet, dient gewöhnlich der *Säkularisator*. Autonome Kultur aber als Säkularisat, Geschichte als säkularisierte Heilsgeschichte zu verstehen, ist selber Theologie, z.B. bei Karl Löwith.

Hans Blumenberg „gibt zu erwägen, ob die sogenannte Säkularisierung als Wahrnehmung eines theologischen Erbes, bei dem der Erbfolger sich die Frage nach der Redlichkeit oder Unredlichkeit seiner Verwendung des Erbes stellen lassen muß, nicht in Wahrheit die philosophische Wahrnehmung solcher Aspekte und Probleme der Theologie ist, die diese aus eigener Kraft und den ihr zu Gebote stehenden Gründen gerade nicht angemessen zu lösen vermocht hat, so daß es sich nicht um Säkularisate handelt, sondern um die Aufarbeitung theologischer Aporien." (13) Diese Aporien aber reflektieren gesellschaftliche Widersprüche nicht als Indizes des Transzendenten; Realrepugnanzen, die weder zu glorifizieren sind als fruchtbare Spannung, aus der ein Christian way of life zu schöpfen hätte, noch auf höherer Ebene als gelöst auszugeben.

„Die Kirchen fühlen sich schrecklich in der Defensive und suchen nun verschiedene Wege, um da herauszukommen. Die einen, indem sie soweit zur Welt gehen, daß sie sich als Kirche aufgeben, die anderen, indem sie sich so weit von der Welt absetzen, daß sie bedeutungslos werden." So Dahrendorf in einem Schülerinterview zur ängstlichen Stellung der Kirchen in der Gesellschaft. Beide „nicht sehr genialen Wege" sind nicht konfessionalisiert, sondern Sack und Asche derselben Gasse. Radikal wäre ein Essay über Versuchungen nicht dadurch, daß er der erläge, zu Wurzeln und Müttern hinabzusteigen wie die Kirche in die Halbwelt. Er hätte nur die Wurzel zu ziehen aus der geistlichen Impotenz, die Todsünde wider die heilige Entgeisterung zwischen den Jahren des HErrn und der Herrenrassen zu begehen. Das Keeping up with the Jones' auf der Flucht vor atavistischem Image bezeugt, daß Religion verleugnet, was wider den Weltlauf lökte, ohne hinter ihn zurückzufallen in ohnmächtigen Wunsch, alles möge wieder so sein wie zu Zeiten des alten Mittlers oder im Mittelalter mit Rom und Dom. Harmlos wie ihre Sphärenharmonie der Verhärmten, kümmert sich Caritas wie je um Kummer am Wundrand der sozialen Operationen. Ihr Schwur, mehr zu sein als das Ganze, das noch die Summe seiner Teile schreckt, ist so leer wie die Gesellschaft es sich und ihr verbietet, das geglückte Summa summarum am Elend des falsch Individuierten zu messen, dessen Härtefall die Spielregel bestätigt, an die sie sich hält, wo sie sich seiner annimmt. Diese Rolle ist ihr auf den mystischen Leib Christi geschrieben, solange Gesellschaft ihr Ungeselliges und ihrer nicht Fähiges ins Dunkel stellt. Noch indem sie mildert, was notorisch zu kurz kommt, verhärtet sie eine Gesellschaft gegen sich selbst, die ihre Betriebsopfer ebenso planmäßig produziert wie institutionell ka-

145

schieren läßt. Die Ideologie des Leidens, religiöse Qualität der Qual, aus der Demonstration des Unbedingten ad hominem, verabsolutiert wo nicht zur Sünde Sold so zum geheiligten Mittel eines Glückes, das mit katholischer Symbolik eine sinnliche Garantie endgültig einbüßte. Der Widerspruch, daß die Weigerung, Lückenbüßer gesellschaftlicher Formierung zu spielen, die Barbarei nur sanktionierte, ist von den Kirchen als integrierten Funktionseinheiten nicht mehr zu lösen. Gemeinde, virtuell einer der letzten Schlupfwinkel des und vor dem Allgemeinen, ist nicht weniger Hobby und Lobby, als ihr totaler Anspruch Gesellschaft potentiell zum Missionsfeld relativiert. Vermittelt ist die Forderung, sie möge aus dem prätendierten Ganzen in Interessengruppierungen retirieren, mit der Ideologie des Totalen als freiem Spiel der Kräfte. Der Arbeitsteilung, die sie in psychosynthetischer Sorge brennen läßt, unterwarf sie schon ein Voltaire : Pardonner, c'est son metier. Theologie hat die Welt nur überinterpretiert, es komme aber nach Barth darauf an, den Ganz-Anderen nicht zu ändern.

Wo jedoch kirchliche Kümmerformen um weltliche Verifikation sich kümmern, gerät der angestrengte Dialog so dialektisch wie weiland die inquisitorische Strenge. Dialog mit der Welt, die im Kirchenfenster ihr Diapositiv fand, hätte deren diabolische Dialektik zu sein. Theologie will sich verwirklichen, ohne sich aufzuheben, d.h. in Wirklichkeit zu verschwinden, und in Säkularisaten scheint sie abgeschafft, ohne daß verwirklicht wäre, was weiter von ihr schmerzt.

Transzendenz, die den Talar schürzt, um durch Pfützen zu waten, gehört zum Geschäft. Als Teil des Meliorandums, das nicht länger ins Gewissen sich fluchen läßt, schnitte sie sich in die eigene Fleischlosigkeit. Das ist der Sinn aller Forderungen, sie möge ihrer Abschaffung zustimmen, sich suizid dessen begeben, was von detotalisierender Totalität an ihr dem Funktionsbann noch potentiell widersteht. Der Glaube, Glaube könne in der Überflußgesellschaft überflüssig werden, schmeichelt sich ohnehin mit der Überwindung dessen, der die Welt überwand, nicht weniger als mit der Überwindung materialistischer Glücksversprechen. Diesem Realismus sind unterdes die realen Bedingungen dessen transzendent geworden, was an religiöser Vertröstung ihn abstieß.

„Jetzt entscheidet unser Geschmack gegen das Christentum, nicht mehr unsere Gründe." So der 132. Aphorismus in Nietzsches „Fröhlicher Wissenschaft" erledigend salopp. De gusto dubitandum. Jenseitiger Ambitionen aber verdächtigte einer die Zeit zu Unrecht, die nicht einmal diesen Geschmack auch nur abgeschmackt findet, geschweige denn teilen mag. So hat das Christentum keine Gegner mehr und doch, wie man weiß, alles andere als gesiegt. Die subventionierte Minorität der Gläubigen vegetiert am Rande der Wechslergesellschaft als exklusives Wahlstimmarsenal einer Gesellschaft, die eine Kirche bewahrt, welche darauf verzichtet, die Gesellschaft vor sich selbst zu bewahren. Niemanden locken unbewältigte Kreuzzugs- und auch Inquisitionsvergangenheit, Volksopiate und der Pfründenramsch mehr hinter der Zentralheizung hervor. Der mystische Leib, zum Reservat einer aussterbenden Spezies Mensch paralysiert, darf sich in den Oublietten toleranter Indifferenz Blößen geben, ohne das Triumphgeschrei seiner Railleure und Verächter noch länger herauszufordern.

Toleriert nur in ihrem Verzicht auf Intransigenz gegen die Reproduktionsbedingungen des kanalisierten Leidens stimmte sie ihrer Kastration zu und überlebt wie alles um den Preis, sich selbst abzuschwören.

Das Ganz-Andere ist das Ganze, das nie sich geändert hat, mit sich selbst in blinder List von außen zusammengeschlossen über den Selbsterhaltungstrieb dessen, was potentiell im Ganz-Anderen anders ist als das Ganze und gerade darin als bloße Ergänzung mitgeschleift wird. Toleranz gegen das Tolerieren des nicht zu Duldenden an ihr ist eben die Intoleranz, die sie brechen will, weil in der Konnivenz mit nur dem, was vorab ihr gleicht und sich angleicht, sie mehr verrät von ihrem Unwesen als interesseloses Wohlgefallen an bloßem Interessenausgleich. Rüde Exorzitien, Exulierung auf den neidlos gottgewollten Stand und die Delegation von Egalität an niedere Ordostufen der analogia entis konnten den Formen der religionsindustriellen Einschüchterung weichen. – So darf die Kirche unbedenklich in den Ruf nach weiblicher Gleichberechtigung einstimmen, seit das Gleichschaltung des Womanagements mit der Effeminierung eines vom muskulösen Apparat ausgehaltenen und homosexualisierten Angestelltenkultur bedeutet.

Inmitten reduzenter Isolierung der Individuen voneinander und vom Ganzen ihrer Geschichte, wogegen die Interessengemeinden willfährig rebellieren, mißrät die Gemeinde der Heiligen, allem ,alltäglichen Christus' zum Trotz, unversehens zum gegönnten Feierabendhobby von Sozialpartnern, die, weil es seliger ist, dem Arbeitgeber geben, was des Arbeitnehmers wäre.

Die guten Werke, die dem Glauben nur sich verdanken, um ihn am Leben zu erhalten, degenerierten zum Werkeln des Freizeitbastlers, der sich nach Dienstschluß für ein wahres Leben freigestellt fühlt, das ihn nur für den nächsten Arbeitstag regeneriert. Die falsche Alternative von glückseliger Agraridiotie und Kultur als bildungstechnischem Qualifikationszwang kollaboriert mit den unterdrückten Bedingungen der Möglichkeit einer utopischen Identität, die der Run der Mußescheuen auf die letzten Planstellen einer automatisierten Gesellschaft vergeblich karikiert, von unverdummter Lust und schmerzlosem Bewußtsein. Das *sola fide* ähnelt der Verbissenheit, mit der das Individuum sich zu glauben zwingt, der Standard der Produktivkräfte liefere die beste ihrer möglichen Entfesselungsstrukturen mit.

Wahr bleibt der Alleinvertretungsanspruch der alleinseligmachenden Religion gegen eine Mystifizierung, die dem Individuum noch die Kraft attestiert, auf die korrigierte Welt und sein Heil in ihr Einfluß zu nehmen: Die Rechtfertigung des ausgebeuteten Selbsterhaltungstriebes, der in sich selbst nur einem Allgemeinen sich stillschweigend gemein gemacht hat und ihm Haltung gibt, gegen das sich zu behaupten er blind behauptet. − Das Allgemeine dürfte mit dem Individuum durchgehen und es durchgehen lassen, ohne dessen Schutz und Gehorsam äquivalent zu tauschen, ließe nicht etwas sich dann gehen, das seine kurzgeschlossen komprimierte Positivität aggressiv entlüde. Die fromme Delegation des naturrechtlichen Mandats gebiert heteronome Drohung, die über der dehistorisierten Privatsphäre lauert. Umgekehrt beschleunigt diese Angst vor politesseloser Astralpolizei zirkelvitios die arbeitsteilige Verdrängung politischer Kompetenz gegen das Allgemeine in obertänige Dachorganisationen, die zur Verhängung eines Ausnahmezustandes ermächtigt sind, der nur die Regel bestätigt, den heißen Frieden, dessen Sinn schon Hegel gegen eitle Sekurität dahin rechtfertigte, daß jenes letzte Privileg des ius belli omnium contra omnes seinen differenzierten Libertins das ius vitae ac necis diktieren und so aus der Arbeitsfriedensethik wecken kann.

Bei Hegel ist kirchliche Institution, Einrichtung in die Parusieverzögerung und ritualisierter Aufruf zu panischer Bußfertigkeit, zur Indifferenz gegen das dem Jüngsten Gericht anheimgestellte Grauen, nichts als ihre eigene Differenz zum spekulativen, darin seine Verwirklichung chronistisch voraussetzenden Begriff.

Der Abstand *von* Christus und *zu* seiner Chiliade wird der religiösen Vorstellung zur intellektuellen Anschauung Gottes, dessen Eule im Christentum die nächtliche Erinnerung an eine nicht eingetretene Zukunft hat, eher im preußischen Staat die Civitas Dei aus der areopagitischen Hierarchie der Engel herunterholte. Jüdische Erwartung ist die nur letzte Wiederholung der messianischen Zusage vor dem parakletischen Verstummen. Gefeiter gegen die Versuchung, aus *Johannes (19,30)* sakrosanktes fait accompli herauszuglauben, resistiert sie gegen Verwechslung des Neuen Testaments mit dem Jüngsten Tag, gegen ein quidproquo. Jesu letzte Johannesworte, es sei vollbracht, schillern. Neutestamentarische Vollstreckung schiebt nur auf, was sie aufzuheben vorgibt.

Die Orthodoxie des Paradoxen paralysierte die parakletische Parusie. Wovon Sonntags für den Sonntag beteuert wird, es sei an sich, dem Begriffe nach, längst vollbracht, kanzelt eine Realität ab, zu der es selbst sich nicht aufheben mag und doch längst damit versöhnt ist. Daß religiöses Bewußtsein bestenfalls sein Zurückbleiben hinter dem Stand der Produktionsverhältnisse einholt, fesselt seinen Zwang zur Konkurrenzfähigkeit vorab an das, was die Kultur heute eo ipso fesselt. Täuschung der Tauschgesellschaft über den Antagonismus des von ihr Konzedierten und dem, was real möglich wäre, ward vom Skopus keiner Predigt durch Einbekennen hintertrieben. Konnte ihr Garant noch im Fleische getroffen werden, Kirche mystifiziert seinen Leib, die Stellvertretung des

Stellvertreters. Je blasser sein spirituelles Nachbild, desto institutioneller bildet sie sich aus. Historische Ferne zwischen sakramentaler Ästhetik und Logik kontaminiert opaken Ritus mit erblindender Intention, noematischem Sinn, dessen hyletisches Substrat, von der Bedeutung ins Zeichen abgewandert, dieses nur beschwörend transzendiert. Die beklagte Indifferenz gegen Unbedingtes jenseits des Verdinglichten, an das noch jeder verdingt ist, ist auch eine von falscher Identität, die sich gegen die reale Differenz von funktionalisiertem Objekt und substantiviertem Begriff hermetisch macht. Die Kon- wie Transsubstantiation gleitet ohnmächtig vom factum brutum ab in irrealen Sinn. Transzendenter Leerlauf spiegelt nur Chorismus ihrer obsoleten Absolution zum Weltlauf, der mit sich ins Reine kam. Inchoatio vitae aeternae, will der Glaube die höllische Endlosigkeit des Endlichen endlich aufbrechen wie Kants Freiheit die Kausalketten, scheut aber selbstverleugnend den Schematismus ihrer reinen Begriffe, das sinnliche Schema und die objektive Möglichkeit ihrer Dogmen.

Wie jede Erinnerung wird dem Glauben Vergangenes zum Zwitter zwischen einer Subjektivität, in der das Gedenken sich wiedererkennt, und einer Objektivität, aus der es entwich. Die passierte Passion ist dem Individuum subjektiv innerviert nur von seiner Gattung her, die ohnehin objektiv wurde ohne Kontinuität mit ihm, objektiv fremd aber seiner Individualität, die das Vergangene nicht persönlich erfuhr. Statt auf konzilianten Konzilen sich dem Weltlauf versöhnt zu zeigen, hätte *Religion* ihre Intoleranz zu richten auf genau jene Realität, der sie sich anbiedert, um sie zu unterschätzen als Packpapier für ihr eigenes Angebot. Abortus z. B. ist biblisch strafwürdiger Kindermord und nicht etwa weibliche Selbstverwirklichung.

151

Byzantinische Ladengespräche stellten den Heiligen Geist als Identität oder Differenz des Vaters und des Sohnes so abrupt neben Preise für untranssubstantiiertes Brot, wie heute nur religiöse Emphase Jazz, Beat und Pop mit improvisierter Kar-Dissonanz verwechselt. Diese Leutseligkeit schlüge in Entsetzen um, eignete Kirche sich zu, daß die Nachfrage heute das Angebot selbst ist, das sie unterbietet. Exegese schickt sich an, zu einem Layout zu werden, dessen selling-appeal dem vorweg präformierten Geschmack Recht gibt. Sie ist schon dabei, Christi dernier cri am Kreuz künstlicher Alterung zu unterziehen, um das Älteste dann als letzte Novität vernissieren zu lassen.

Allerdings sperrt das „Nicht-Identische" am christlichen Paradox sich dem common sense, wie sonst nur gegen moderne ästhetische Gebilde insurgiert wird. Vom Ältesten wie vom Neuesten wird abwehrend geklagt, man verstehe es nicht mehr. Unverständlichkeit, einst Index von Übervernunft, fungiert jetzt als einer des Unsinns, vor dem der pragmatische Irrsinn sich gegen sich selbst bequem abdichten kann.

Wollte man ein physikalisches Bild bemühen, könnte man sagen, Utopie sei das Maß für die Unwahrscheinlichkeit des Zustandes, auf den das geschlossene System samt seiner Invarianz- und Erhaltungssätze sich zubewegt, bliebe es seiner Entropie überlassen. Maxwellsche Teufelchen, die jeder Verwischung der Klassendistanz entgegenarbeiten, auf daß kein laues juste milieu sich einspiele, öffnen das System, wo sie den Kaltschnäuzigen die Tür vor der Nase zuschlagen und nur die Hitzköpfe passieren lassen.

Aussicht auf tödliche Entropie wird verdrängt, weil sie Utopika als Gegengifte in den Positivismus einfließen lassen müßte, und Utopie wird verdrängt, weil der zugäbe, ein eschatologisches Grauen wahrzuhaben,

152

wer sie herbeizitierte. Religiösen Eskapismus nicht sich verbieten zu müssen, trug einst immer noch viel humanere Züge als die realitätsgerechte Verdrängung ‚religiöser Bedürfnisse'. Ist der Glaube eine Kompensation, dann ist der Zwang zur Verdrängung dieser Kompensationsform, die Frustrierung des religiösen Auswegs, auch nur kompensiert, wenn die proklamierte Bedürfnisfreiheit sich konfrontiert sieht mit der Existenz der Religion nicht nur in Diktaturen. Ist das Laster Negativ der Neurose, dann die Religion ihr Positiv, wenn man einer Art psychoanalytischer Theologie trauen soll, die Neurosen ausbeutet, an deren Phylogenese sie kaum ganz unschuldig ist.

Verdrängung erhält sakramentale Weihe, wo kultureller Triebverzicht, die nur symbolzensierte Befriedigung von Bedürfnissen, zugleich die Rolle des sakramentalen Symbols für das religiöse Überich spielen muß. – Versinnlichendes Parusiesymbol autoritativer Instanz und vergeistigendes Symbol profaner Gelüste zugleich, ist jegliche Identität der Es- und Über-Ich-Symbolik ein altes Prinzip des Überich selbst. Kultureller Symboltrost kompensiert vermittelnd zwischenhändlerisch diese Retardierung des göttlichen Herrschaftsanbruchs und das gesellschaftliche Triebverbot zugleich. So wenig Triebbefriedigung und jener trieblose Frieden, der höher sein soll als alle Vernunft, auseinander ableitbar und aufeinander zurückführbar sein mögen, obwohl sie als Symbol füreinander immer einstanden, gemeinsam ist ihnen, das Symbol für das nehmen zu müssen, wofür es Ersatz ist, wie der Poesie das Zeichen zu dem Ding selbst wird, das von ihm nicht länger wie in der Prosa intendiert wird. Die neuerliche Freigabe von Lustkurven für Christen darf auf eine vorweg durch Desensualisierung sinnlose Sinnlichkeit rechnen, der der Blick unter den Inzest des Überbaus verbaut ist. Vernunft wider Gargalismus steht im Einvernehmen mit libertär auftrumpfender Beihilfe zur rituellen Sexualisierung des Waschzwangs : Triebfreiheit als Befreiung vom Trieb durch ihn selbst, der nicht länger über das Wochenbett integriert ist, macht nur frei für reibungsloseren Betrieb.

Der Garten der Lüste ist das Purgatorium selbst. Die aufgeklärte Natur ist, was sie ist, und sonst nichts. Dieses Nichts aber, weit entfernt, Natur aus ihrem Bezug zum Wesen zu lösen und aus sich zu erklären, ist dialektisch gerade ihre Nichtigkeit vor dem Wesen, die keine seriöse Religion je behauptet.

Andererseits ist die Natur, abgesehen davon, das ohnehin Nichtige vor dem Wesen zu sein, nichts. Dieses Nichts wieder ist aber eben ihre positive Aseität: „Ebenso ist die Natur *nichts außer* ihrem Wesen; aber dieses Nichts selbst *ist* ebenso sehr; es ist die absolute Abstraktion, also das reine Denken oder Insichsein, und mit dem Momente seiner Entgegensetzung gegen die geistige Einheit ist es das Böse."

Adorno diagnostizierte an Kierkegaard, daß der Rückzug vor dem Realen in untangierte Innerlichkeit nichts sei als der konservative Rückzug der *inerten* Realität in sich selbst, in ihre opake Aseität, und daß Distanzierung des in sich unendlich potenzierten Begriffs vom Unmittelbaren diesem schon anverwandelt sei. Der Teufel wird durch ihn selbst ausgetrieben: „Um des Bösen willen muß der Mensch in sich gehen, aber das Böse ist selbst das Insichgehen." (15) Diese Bewegung ist noch identisch der, gegen die Karl Barth den „Ganz-Anderen" pointierte:

„Insofern das Selbstbewußtsein einseitig nur *seine eigene* Entäußerung erfaßt .. .ist alles Dasein nur *vom Standpunkte des Bewußtseins* aus geistiges Wesen, nicht an sich selbst.. Aber diese Bedeutung ist eine geliehene und ein Kleid, das die Blöße der Erscheinung nicht bedeckt und sich keinen Glauben und Verehrung erwirbt, sondern die trübe Nacht und eigne Verzückung des Bewußtseins bleibt."

Aber : „Es ergreift diese Seite, daß das reine Innerlichwerden des Wissens *an sich* die absolute Einfachheit oder die Substanz ist, als die Vorstellung von Etwas, das nicht dem *Begriffe* nach so ist, sondern als die Handlung einer *fremden* Genugtuung." (S. 11)

Das geht gegen das Alte Testament. Christologischer Ödipuskomplex wird unter der Kastrationsdrohung aufgelassen durch Identifikation mit der autoritären Instanz. Hegel erhebt die Frustrationsanamnese der Kinder Gottes : „So wie der *einzelne* göttliche Mensch einen ansichseienden Vater und nur eine *wirkliche* Mutter hat, so hat auch der allgemeine göttliche Mensch, − die Gemeinde, ihr *eignes Tun* und *Wissen* zu ihrem Vater, zu ihrer Mutter aber die *ewige Liebe,* die sie nur fühlt, nicht aber in ihrem Bewußtsein als wirklichen unmittelbaren *Gegenstand* anschaut." (17)

## Moses, Echnaton, Ödipus und Velikowsky

In seinem Essay „Der Mann Moses und die monotheistische Religion" wagte Sigmund Freud kurz vor seinem Tode eine Spekulation über den Ursprung seiner Vaterreligion. Der ägyptische Aristokrat Moses habe als Anhänger des Pharao Echnaton (18. Dynastie) nach der sogenannten Amarna-Zeit die hebräischen Sklaven befreit aus den Händen von dessen Nachfolger Tutanchamun. Diese Sklaven seien über den Ägypter Moses also die Erben der kurzen revolutionären Interregnum-Herrschaft von Amenophis IV. gewesen, der sich Sohn des Aton nannte und die Priester des Amon-Re vertrieb.

Nach der Lektüre von Freuds Moses-Essay schrieb Immanuel Velikowsky sein Buch „Ödipus und Echnaton" (dt. Zürich 1966), das nachzuweisen sucht, daß jener Pharao Echnaton = Amenophis IV = Amenhotep IV, den Freud als geistigen Vater des „mosaischen Glaubens" und des patriarchalischen Monotheismus vorgestellt hatte, das historische Vorbild des griechischen Ödipus gewesen war. Echnaton habe seine berühmte Gattin Nofretete verstoßen, um seine aus dem ‚arischen' Indien stammende Mutter Teje zu heiraten, die ihn anstiftete, ihren homosexuellen Gatten, also seinen Vater Amenophis III., nicht nur zu töten, sondern aus dem historischen Gedächtnis des Landes zu streichen.

Wer Freud und Velikowsky zusammendenkt, darf aber den Gatten der Nofretete und der Teje doch nicht als

Ur-Hebräer und Ur-Ödipus gleichzeitig sehen, denn nach Velikowsky hat Echnaton gar nicht zur Zeit des Moses gelebt, sondern etwa ein halbes Jahrtausend später, als nach der gängigen Altertumschronologie von Sothis/Maneto gewöhnlich angenommen wird.

These 1 (Freud) :
Moses war Echnaton-Anhänger.
These 2 (Velikowsky) :
Echnaton war der historische Ur-Ödipus.
These 3 (Velikowsky) :
Moses lebte etwa 500 Jahre vor Echnaton.

These 1 und These 3 schließen einander aus. Wenn These 1 und These 2 ebenso wahr sind, wie These 3 falsch ist, dann sind die Hebräer die Erben des Echnaton-Komplexes. Wenn These 2 und These 3 beide wahr sind und die These 1 falsch ist, leiden eher deren historische Gegner unter so etwas wie dem Echnaton-Komplex.

Geht der Ödipuskomplex nämlich auf diesen Reform-Pharao zurück, dann sieht er etwas anders aus, als Freud ihn dem griechischen Mythos entnahm (abgesehen einmal von der Frage, ob der mythische Ödipus nun wirklich einen Ödipuskomplex hatte). Wenn die griechische Jokaste nach dem Bild der asiatischen Teje und Vater Laios nach dem Bilde des in Frauenkleidern herumlaufenden ägyptischen Pharao Amenophis III. gestaltet worden sind, dann hat der Sohn weniger seinen Vater getötet, um seiner Mutter beiliegen zu können, sondern eher die Mutter, die ihren weibischen Gatten loswerden wollte, ihren Sohn als Mordwerkzeug benutzt und mit dem Inzest belohnt. Der berüchtigte Ödipus-Mythos, dem Freud den Urkern jeder Neurose entnahm, wäre dann die hellenistische Überarbeitung und Entstellung von so etwas wie einem ‚Echnaton-Komplex' gewesen.

An anderer Stelle habe ich versucht, diesen Echnaton-Komplex sogar noch auf dem Grunde einer modernen mater-ialistischen Philosophie wie der von Ernst Bloch zu entdecken, der seinem Alttestamentarischen in dem Maße untreu wurde, wie er zurückgriff auf die matriarchalischen Mächte der Mater-ie und der Allmutter Natur statt auf eine Vater-Imago seiner Vaterreligion.

Laut Freud waren Jahrmillionen mutterrechtlich verfasster Gesellschaften die Folge eines realen oder phantasierten urzeitlichen Vatermordes und war der patriarchalische Monotheismus die Folge der Wiederkehr lange verdrängter Schuldgefühle der Bruderhorde. Nach dem Urvatermord der Vorzeit begründete der gemeinsame Verzicht der Brüder auf jeden mörderischen Konkurrenzkampf um das Mutterinzest-Monopol so etwas wie eine Ur-Ethik. Brüderlich verehrten die Erdensöhne die mütterlichen Naturgewalten im Altertum unter vielen Namen : Astarte, Ishtar, Innanna, Baal-Aschera, Löwensphinx, Kybele, Aphrodite, Hathor, Venus, Beelzebub (Fliegen-Baal). Velikowsky sieht in all diesen Namen mütterliche Vergottungen eines Riesenkometen, der seit dem 15. Jahrhundert v. Chr. die Erde in Abständen immer neu in Furcht und Schrecken versetzt habe, ehe er im 7.

Jahrhundert v. Chr. der heute als Venus bekannte Planet wurde mit seiner ruhigen Himmelsbahn. Zwischen zwei solcher aufeinanderfolgenden Heimsuchungen durch den Venus-Kometen habe in Ägypten der Pharao Echnaton den schrecklichen Venuskult der Amonpriester ersetzt durch den weit intellektuelleren Sonnenkult dieser Aton-Religion, als die spätere Venus nicht länger die Sonne verdunkelte und „auf ihre Hörner nahm". (Gesehen am Himmel wurde „Typhon", ein Riesenwidderkopf mit Drachenschweif). Als Echnaton seinen Vater beseitigt, beseitigt er den Venuskult, und später wird er selbst von den Priestern des Venuskults wieder verdrängt, als der rote Morgenstern erneut verderbenbringend die Erdbahn kreuzt. Als Echnaton seine mitannische Mutter Teje heiratet, führt er den monotheistischen Sonnenkult ihrer asiatischen Väter ein. Wenn Freud Recht hätte, hätten seine Stammesbrüder über Moses also paradox die Religion der „arischen Indogermanen" übernommen? Stand Echnatons Vater also für Mutterkulte, Echnatons Frau und Mutter für einen Vaterkult?

Wenn Freud den Kern der Neurose im Ödipusmythos wiederfand, diesem Mythos aber in Wirklichkeit ein Echnaton-Komplex zugrunde lag, dann gerät alles erneut ins Wanken. Die noch gar nicht ausgetragene Auseinandersetzung zwischen Freud und Velikowsky müsste Licht werfen auf das Verhältnis zwischen den Hebräern und ihren alten Todfeinden, den Amaleqs. Wurde zwischen zwei Venus-Attacken der patriarchalische Monotheismus in Ägypten geboren und über Moses zu einer ersten Sklavenreligion?

Als die stiefmütterliche Naturgewalt einmal einige Jahre lang Ruhe gab, erinnerte man sich des Vaters, der das Menschenkind vor ihrer Übermacht schützt. Aber dieser Vater war tot, von den Vorfahren derer getötet, die ihn jetzt brauchten. Der Echnatonjünger Moses soll die hebräischen Sklaven im Schutze einer erneuten kosmischen Naturkatastrophe aus dem Ägypten jener Echnaton-Nachfolger befreit haben können, welche die immer wiederkehrende Venus anbeteten, um sie milde zu stimmen.

Nach Velikowsky aber war gar nicht Moses ein Zeitgenosse des Echnaton, sondern der Prophet Elia im ägyptischen Vasallenstaat der Hebräer : Der ‚feurige Elia' reinthronisierte Aton-Adonai und schickte zwischen zwei Venus-Katastrophen die Baalpriester zum Teufel, welche unter König Ahab und der Königin Isebel ihr Unwesen trieben, von Jerobeam bis Josua (um 600 v. Chr.). Erst als Venus ein für die Erde ungefährlicher Planet geworden war, konnte das monotheistische Patriarchat sich endgültig durchsetzen gegen die Baal-Moloch-Priester mit ihren Menschenopfern, und der unsichtbare Vater siegte über die allzu sichtbare Venus und ihre „Gluthölle".

Fürchtet das christliche Rom bis heute die Wiederkehr des roten Morgensterns aus dem Osten?

## 500 Jahre unreformierte Reformation

Wie der deutsche Protestantismus vor 200 Jahren durch den deutschen Idealismus von Fichte, Schelling und Hegel aus seiner orthodoxen Erstarrung befreit wurde, ohne katholisch zu restaurieren, so wäre er heute durch monotheistische Philosophie aus seiner öko-totalitär atheistischen Selbstverkennung zu erlösen. Eine protestantische Renaissance darf nicht durch nationalen Neutralismus zwischen den Blöcken, sondern muss wie vor zwei Jahrhunderten wieder von einem neuen philosophischen Universalismus kommen. Die Religion des kapitalistischen Pluralismus und der rechtsstaatlich permissiven Liberaldemokratie ist der Protestantismus, ob als calvinistischer Naturbeherrscher oder als asketischer Schöpfungsbewahrer, aber wo ist heute der Protestant 2020, der kein linksgetarnt „ökopaxfeministischer" und anthroposophisch esoterischer Reaktionär wäre? Wer sonst als der regenerierte Protestantismus kann wieder herausführen aus dem Industrialismus, in den er hineingeführt hatte und der zu eben dem Komfortgefängnis geworden ist, aus dem er doch gerade befreien wollte.

Die calvinistisch-kapitalistische Lösung von allen vorgefundenen kirchlichen Traditionen und feudalen Institutionen wurde zum Zuchthaus ihrer selbst. Die Befreiung eines Christenmenschen aus dem Stahlgehäuse der *verwalteten Welt* ist Befreiung von

161

Bedürfnisindustrien, der primär keine Waren, sondern Wünsche produzieren und passende Menschentypen, welche dafür schuften wollen. Der von Adorno perhorreszierte Geist neuzeitlicher Naturbeherrschung ist ein urprotestantischer Geist. Dieser Protestantismus sollte nicht mehr gebraucht werden, weil der Kapitalismus gebraucht wird, der Produktivkräfte entfesselt, sondern weil innerweltliche *Konsumaskese* gebraucht wird, die keine bedarfsweckenden Industriesysteme mehr fördert. Wo demokratischer Kapitalismus noch nicht herrscht, wird protestantistischer Konsumaufschub gebraucht, ihn in der Dritten Welt zu entfesseln, und wo der Neokapitalismus mehr Bedürfnisse weckt, als er deckt, da wird demokratischer Protestantismus nicht länger gebraucht, kapitalistisch ungerecht zu akkumulieren oder sozialistisch gerecht zu verteilen, sondern individuelle Bedürfnisse von industriellen Wünschen zu unterscheiden. Er hilft Bedarf zu wecken danach, von der Industrie keinen Bedarf mehr wecken zu lassen. Protestantismus ist das Prinzip der Verinnerlichung und Vergeistigung, sei es nun naturbeherrschend, sei es kontemplativ. Die Gesellschaft sollte in Individuen zerfallen, deren jedes sich selbst die ganze Gesellschaft ist. Eine Ironie der Geschichte: Gerade die Religion, die das Werkeln zu etwas Zweitrangigem gemacht hatte, begründete kapitalistische Werkgerechtigkeit, und der Katholizismus, der die Aktivität über die Almosen stellte, förderte das kontemplative Leben. Das Individuum, das die Kirchengemeinde nicht braucht, ist der Mensch, der die Gesellschaft nicht braucht, sondern unmittelbar zu Gott ist, der also Glied weder eines *corpus mysticum* noch einer sozialen Korporation ist. Protestantismus heißt Protest gegen Gegenkirchen, von Gott als dem "ganz Anderen" aus, ein Aufstand gegen alles zu Unrecht Bestehende. Seine moderne Form verwechselt leider den modischen "Zeitgeist" mit dem Protest gegen ihn.

Er heißt Gebet um Kraft, um nach Jesu Gesetzesauslegung leben zu können. Bürgerlicher Wohlstand ist als Gnadenstand nicht mehr zu rechtfertigen. Der freie Wille dient nur dazu, um herauszufinden, wozu einer erwählt ist : Bin ich erwählt oder verdammt zu wirtschaftlicher Fortune? Wer nicht zu ökonomischem Erfolg erwählt ist, braucht ja nicht gleich zu ökologischen Folgeschäden verdammt zu sein, sondern kann gerade zu wirtschaftlichem Misserfolg bestimmt sein, um sich zu einem kontemplativen Leben verdammen lassen zu können. So viel ist wahr am Antikatholizismus : Der Sündenerlass ist keine Schuldentilgung.

Reformatorisch denken heißt, nicht ohne Gottes Zuvorkommen nach der Natur leben und den Naturgesetzen folgen können, *omnis salus extra ecclesiam*: Das Gewissen ist als *sola scriptura* sein eigener Priester. Das griechisch Katholische ist das lateinisch Universale, und der Protestant muss lernen, auch sein eigener Mönch zu werden, indem er sich selbst Armut, Askese und Gehorsam gegen die in der Moral praktisch werdenden Naturgesetze gelobt.